民族魂

学生成长励志故事读本

睦邻为善故事

陈志宏◎编著

延边大学出版社

· 延吉 ·

图书在版编目（CIP）数据

睦邻为善故事 / 陈志宏著 . —延吉：延边大学出
版社，2013.3（2024.1 重印）

ISBN 978-7-5634-5395-5

Ⅰ . ①睦…　Ⅱ . ①陈…　Ⅲ . ①品德教育－中国－青年
读物 ②品德教育－中国－少年读物　Ⅳ . ① D432.62

中国版本图书馆 CIP 数据核字 (2013) 第 049034 号

睦邻为善故事

主编：陈志宏

责编：郭玉玲

封面设计：映像视觉

出版发行：延边大学出版社

社址：吉林省延吉市公园路 977 号　邮编：133002

电话：0433-2732435　传真：0433-2732434

网址：http://www.ydcbs.com

印刷：天津市天玺印务有限公司

开本：155×220 毫米　　　1/16

印张：8

字数：50 千字

版次：2013 年 03 月第 1 版

印次：2024 年 01 月第 4 次印刷

书号：ISBN 978-7-5634-5395-5

定价：38.00 元

民族魂，是一个民族的精髓，体现了一种民族的精神，是民族存在的精神支柱。

说起民族的精神，人们通常都会想到爱国主义。从古代的屈原、岳飞，到近代为保卫祖国领土完整的人民英雄；从古代的发明家张衡、毕昇，到今天为祖国的建设事业贡献力量的科学家；从古代的李白、杜甫，到今天为民族文学艺术的提高而不懈奋斗的文学家……在他们身上，都体现出一种广义的爱国主义和爱国精神。

爱国主义是一种伟大的民族精神，也是中华民族的传统美德，与我们祖国上下五千年的历史一样源远流长。作为一种巨大的精神力量，它对中华民族的历史发展与进步产生了重大的影响。

民族魂
学生成长励志故事读本

前 言

在我国古代历史上，不仅出现过许多杰出的政治家、军事家、思想家、文学家、科学家、艺术家，还出现过一大批忧国忧民、鞠躬尽瘁的仁人志士和抗击外敌、抵御入侵的民族英雄。他们或开发和改造祖国的河山，创造灿烂的中华文明；或英勇反击民族压迫和外来侵略，捍卫国家的主权和民族的尊严；或坚决反对民族分裂，维护国家的统一和民族的团结；或顺应历史潮流，积极改革弊政，励精图治，治国安邦，施利于民……他们从不同的侧面体现了中华民族的爱国主义精神，谱写了爱国主义的壮丽诗篇，铸造了中华民族坚不可摧的"民族

之魂"。

人们之所以将爱国主义精神作为中华民族精神的主要特征，是因为 19 世纪以来的中华民族饱受外来民族的欺凌、压迫和剥削，从而需要以爱国主义来凝聚人心、努力奋斗，从而获得民族的解放。

翻开中国近代史册，最触目惊心的是一场场的战争、一件件的国耻。深重的民族灾难，撞击着每一个爱国者的心。帝国主义列强发动了第一次鸦片战争、第二次鸦片战争、中法战争、中日甲午战争、八国联军之役等大小 100 多次战争。每一次战争，都以强迫清政府签订不平等条约而结束。

面对亡国灭种的威胁，华夏大地的炎黄子孙们掀起了波澜壮阔的爱国热潮，创造了光照千秋的爱国主义业绩。中华民族所散发出来的民族精神，无论在深度和广度上都是前无古人的。无数民族英雄、志士仁人，在救国图存、振兴中华的斗争中所表现出来的爱国精神，既是对中华民族古代爱国主义传统的继承与发扬，又具有鲜明的时代特征。

除了爱国主义之外，勤劳、勇敢、诚信、团结、知礼、尊贤、节俭、敬业，热爱和平、不屈不挠、自强不息、励精图治、开拓创新等，也都是中华民族的精神精髓，是中华民族灵魂的具体表现。在五千年的历史中，我们的先辈在这片土地上，以这种高尚的品行和美德不断地开辟，才有了如今屹立于世界民族之林的东方强国。作为一个有着漫长历史的积淀与升华的民族，伟大的民族精神早已烙刻在了我们每个人的灵魂深处，与我们的血肉融合在一起。

青少年是国家的希望，也是民族不断发展和延续的根本。总有一天，我们的民族精神、我们祖国的这片神奇的土地要传到当代青少年手中。从这个意义上来说，我们民族精神的生机与活力，我们祖国的命运与前途，也掌握在青少年的手中。因此，青少年的爱国主义教育和励志图强教育也就显得更加重要。为了增强和提升国民教育，尤其是青少年的爱国主义精神、民族精魂志向，我们精心编写了本套丛书——《民族魂——学生成长励志故事读本》丛书。

民族魂
学生成长励志故事读本

前 言

本套丛书将有史以来体现民族精神和民族灵魂的典型事迹，以通俗易懂的故事形式娓娓道来，非常适合青少年的阅读水平和欣赏口味。书中提供了古往今来多个典型人物和事件典范，展现出的人物也涉及社会的各个层面，有利于青少年立心、立志、爱国、进取，从而全方位地领悟中华民族的精神、灵魂之所在。

在本套丛书中，为帮助读者更好地理解和学习这些源远流长的美好精神，我们还在每一篇故事后面给出了"心灵物语"，旨在令故事更加结合现代社会，结合我们自身的道德发展，提高我们的民族爱国精神，并由此

而引发读者进一步的思考。

深刻的哲理人生，表现了博大精深的文化；精彩的人物事迹，道出了励精图治的典范；历代的爱国故事，喻出了民族精神的深意；高尚的品德展现，浓缩了上下五千年的灿烂文明……我们希望，青少年朋友们通过阅读本套丛书，能够受到深刻的爱国主义教育，能够真正体会到中华民族的灵魂所在，同时更能够汲取精华，励精图治，为提升自己的个人素质、为祖国未来的建设和发展作出努力。

全套丛书分类编排，内容详尽，文字优美，风格独具，是广大读者，尤其是青少年爱国励志教育的优秀读物。我们相信，本套丛书一定可以成为青少年朋友们的良师益友。

导言

　　"睦"是中国传统文化内涵的重要特征之一，充满了大智大慧的深刻哲理。中国人一直把"和"与"睦"联系在一起。南朝梁代的周兴嗣在《千字文》中有"上和下睦"之词，这里的"上、下"，既可以狭义地理解为"对上、对下"要"和"与"睦"，也可以广义地理解为对方方面面都要讲"和"与"睦"。"和"与"睦"是相辅相成的，要"和"就要待人"睦"，有"睦"才有"和"。"和睦"在现代汉语中具有融洽、协调、合作等意义。和睦作为一种思想和品德，乃是中华民族传统文化精神的精髓，其内容博大精深、源远流长。

　　将"睦"用于人际关系，以宽和的态度待人，会得到人的信任；用于政治，则能政通人和，促进历史发展；用于经济，则能促进生产发展；用于外交，则既能维护世界的和平，又能促进社会的共同发展；用于人与自然的关系，则将共生共荣、协调发展。因此，我们要继承和弘扬中华的优秀传统文化——和睦相处。

　　弘扬和睦相处的传统文化，首先要家庭和睦，这也是构建和谐社会的重要因素之一。家庭是社会的细胞，如果每个家庭都能和睦相处，就为创建和谐社会构成了一个基本要素。中国传统文化以人伦关系为基本，历来讲究父慈子孝、兄友弟恭等伦理道德，它对封建时代家庭和睦、国家稳定所起的作用已载史册；其次要人与人之间友好交往，这也是构建和谐社会的条件。俗语说"己所不欲，勿施于人"，每个人都有追求自己幸福的权利，每个人也都有创造愿望和创造才能，并得到社会的尊重与承认的权利。要形成互助互爱、互相体谅、和谐相处的社会风尚。

现今社会，一些传统美德和道德观念被某些消极因素侵蚀。进一步规范道德行为准则，不仅是一种人伦道德，更是一种社会公德、一种社会责任。只有传承尊老爱幼、邻里和睦、互相帮助、团结友爱的美德，才能有家庭和睦、社会安定、经济繁荣、民富国强的局面。与人和睦相处，可以使一个人有更多的朋友和更好的工作氛围，拥有更多的快乐；一个单位、团体、社会、民族和睦相处，将会更加团结，不断发展，更加壮大。本书中，我们精心选编了一些体现"和睦相处"内涵的经典故事，希望读者通过阅读此书，更深刻地理解它的意义，从中有所领悟并受到启迪。在自己的日常生活和学习工作中，做到与人和睦相处、团结友爱，做一个有高尚品德的人。

目录

第一篇
睦邻友好共和平

梁军夜浇瓜熄战事

楚文王（？—前675年），楚武王之子，芈姓，熊氏，名赀。公元前690年，武王于伐随途中卒，次年，熊赀继位为楚国国君，即楚文王。熊赀早年受过严格的教育，他的师傅是从申国请来的，史称"保申"。因武王在位长达51年，文王继位时已人到中年了，其性格是锋芒毕露的。

春秋时期，各国攻城略地、拓展疆土成为君主们毕生追求的伟业。然而，百姓谁不渴望没有刀光剑影的日子呢？即使是士兵，也都盼着国界上偃旗息鼓、剑戈入库。在这些士兵之间，梁国和楚国的士兵就是怀着这样的心情，在两国交界处对峙着。

很久都没有战事了，两国的士兵彼此间也都减少了敌意。先是梁国的士兵想着在家乡种田的好时光，手痒痒了，便在边界梁国的一侧种起了瓜。楚国的士兵望着梁国士兵在田间忙碌的样子，感到很好奇，于是就在边界楚国的一侧也种上了瓜。

可能因为梁国是小国，也更知自励的道理，因此做起农活儿来非常勤奋卖力。瓜种上后，每天都挑水浇地、松土施肥，眼看着瓜苗苗壮地长起来。

而楚国或许是大国的关系，士兵们也养成了傲慢懒散的性情，对农活儿不屑一顾，瓜虽然是种上了，可从来都没有侍弄过。

初夏，一场痛快的大雨过后，梁国的瓜田像一片翠绿的湖水，瓜湖也随之泛起了涟漪。而毗邻的楚国的瓜田却像被飞蝗啃过一样，稀稀疏疏地趴在地上，没有一点儿生机，可楚国的士兵依然没人去补救。

勤劳的人最愉快的时光就是收获的季节。梁国的瓜田长出了又大又甜的瓜，士兵们每天都愉快地到瓜田摘瓜，性急的士兵就在地里打开瓜开怀痛吃。

楚国瓜田里的瓜又细又小，可傲慢的楚国士兵并没有从傲慢中清醒过来，每天望着梁国士兵在瓜田里尽情享受的样子，认为是在向他们挑衅，心中的妒火渐渐使他们失去了理智。

一天夜里，梁国的士兵刚刚进入梦乡，被妒火煎熬着的楚国士兵却借着虫鸣声的掩护悄悄地跑过边界线，蹿入梁国的瓜田，随意地践踏起来。

第二天，当梁国士兵来到瓜田一看，立即被田中的惨状惊住了：大片的瓜秧被踩得成了残枝败叶，破碎的瓜像宴后的残羹一般铺满了一地。

勤劳的人一定也很谦和。梁国的士兵虽然气愤，但没有随意猜疑毁瓜人。天黑后，他们在瓜田附近隐蔽起来，等着毁瓜人现身。

夜里，还是那群楚国士兵，跑过国界在梁国的瓜田中随意地践踏，他们还是发泄完心中的妒火，然后又悄悄地溜回了楚国一侧。

瓜园被毁的真相大白了，梁国的士兵非常愤怒，他们跑回军营向将军报告楚国士兵毁瓜事情，请求将军立即下令报复他们。

将军听罢，笑着摇摇头说："为什么要相互报复呢？那样会使仇恨越积越多，最终会酿成大祸。为什么不能以德报怨呢？那样会使仇恨释解，最终会结出硕果。"

将军的话使怒火中烧的士兵平静下来。"那我们怎么办呢？"

"每天晚上悄悄地到楚国的瓜田，替他们浇水。"

又是一个深夜，又是一群士兵越过了边界，不过是从梁国越到楚国，而且每个人肩上还担着两桶满满的水。

这样的深夜一天天重复着，楚国瓜田里的瓜也一天比一天好起来。

　　傲慢的楚国士兵开始怀疑瓜田的变化了。这次该是他们隐蔽在瓜田旁，深夜看到梁国的士兵越过国界，目睹了梁国的士兵为他们担水浇瓜。他们被感动了，因内疚而悔恨不已，连夜向将军禀报了毁瓜浇瓜之事，请求处罚。

　　士兵的报告震惊了楚国的将军，他知道如果梁国以怨报怨，两国定要燃起战火，现在却适得其反。他深感责任的重大，又将此事呈报给楚王。

　　楚王接到呈报，感慨万端。他对楚国的大臣们说："梁国的将士有如此的美德，梁王一定是个诚信之人。楚梁两国应该永远修好才是啊！"

　　从此，梁国和楚国的士兵共同在边界的瓜田上劳作，两国的瓜田很快连成了一个翠绿的湖，风吹瓜叶，瓜湖泛起的涟漪分不出在哪国的土地上波动。两国的百姓终于盼来了不见刀光剑影的日子。

■心灵物语

　　国与国之间和睦相处，得到的是长久的和平；邻里、家庭之间和睦相处，得到的则是甜美的生活。这不禁让我们想起那首《让世界充满爱》的歌，其实，中华民族自古便提倡这种和睦的美德。

■史海钩沉

楚文王创立县制的特点

　　楚国是我国最早创立县制的诸侯国家。它突破了商周以来的分封制成规，开秦以后郡县制的先河。

　　当时，楚王对县公、县尹是有任命与调遣的权力的。但是，他们不是世袭的官，比如楚文王首先派彭宇为第一任申公，其后申公则屡易其姓。

　　楚王能够直接从县邑征集军队。比如在城濮之战中，楚国的大将子玉被晋打败后，楚成王就对他说："申、息子弟都从你而战死，你有何面目见其父老？"可见，这场战役中的兵员都是楚王直接从申、息调出来的，是一支直属于楚王的正规军。

申、息之师是一支比较强悍的部队。楚成王三十七年，楚王曾调它去戍守商密；楚共王六年，又调它去援救蔡国，抵御晋军。楚王对它可以说如臂使指。

楚王还能直接从县邑征集赋税。创立县制以后，土地占有形式、赋税制度等都发生了变化。楚共王七年，大臣子重请求将申、息作为赏田，申公屈巫臣说："不可，申、息之所以设县，是为了收取赋税，抵御北方。如果作为大臣的赏田，那么楚国的中央政府就等于失去了这两个县邑。"可见，县邑是楚王的直属辖地，也是征收赋税的重要基地。

□文苑荟萃

感鬻拳冒犯楚文王故事

佚　名

独霸桃花君本邪，
穷兵黩武又征巴。
门楼臣道未收剑，
陵柏孤魂反引鸦。
兵谏春秋应赴国，
犯威堂庙岂还家。
汉卿故事谁能再？
西望临潼日正斜。

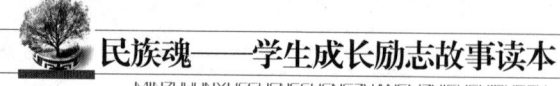
晋戎本是一家

士匄（？—前548年），祁姓，范氏，名匄，其名范匄。因范氏为士氏旁支，故又称士匄。春秋时期晋国人，史称范宣子。其祖父士会曾在晋成公时任上军将，晋景公时任中军将，执掌国政。其父士燮（范文子）历任上军佐、上军将、中军佐。一女嫁栾黡，生栾盈；一子士鞅（范鞅），即范献子。

春秋时，少数民族羌戎氏为了躲避秦国的压迫，逃到晋国。他们为了报答晋国的收留之恩，积极从事生产和参与战斗，为晋国的发展出了不少力。尽管如此，晋国贵族中还总有人说三道四，其中包括范宣子这样的贤臣。

一次，他在朝廷上公开指责羌戎氏的首领戎子驹支，说他泄露了晋国的秘密，造成晋国在人们心目中地位下降，并宣布取消驹支参加国事活动的资格。

驹支听了，气愤地说："从前秦国人凭借人多势众，一味贪图土地，把我们赶出家园。惠公品德高尚，收留了我们，并赐给我们南部边境的土地。我们砍伐荆棘，驱赶狐狸、豺狼，开垦土地，作为先君忠诚的臣子，到今天也没有三心二意。从前，晋文公和秦国一起攻打郑国，秦国暗中与郑国结盟。后来晋、秦两国在殽地交战，晋国在上面抵御，我们在下面对抗。秦国的失败也有我们戎人的功劳，就像捕鹿一样，晋国人

抓住了它的角，戎人拖住了它的腿，我们一起把它摔倒。我们戎人对晋国有功，为什么还要受责难呢？从殽之战后，晋国参加的各次战役，我们都积极参加，从来没有违背过命令！现在有人说我们的坏话，认为晋国地位下降是我们戎人造成的，我认为恐怕是由他们自己的过失造成的。况且，我们戎人饮食、衣物和中原不同，特别是语言和中原不通，我们能做什么坏事呢？"说完了，又朗诵《青蝇》那首诗，就告退了。

范宣子听了这番话，感到十分惭愧，向驹支道歉，并同意他参加第二天的国事活动。

□心灵物语

驹支的话是对的。晋戎本就是一家。中国是一个历史悠久统一的多民族国家，在长期的历史发展过程中，由于所处的自然环境、社会条件、经济发展程度等方面的不同，因而形成了各自独特的风俗习惯。因此，各民族之间在长期的历史发展中有一个融合的过程，要相互了解、互相认知，这样才能构建一个和谐社会。

□史海钩沉

范宣子荐才让贤

范宣子出身于晋国的名臣大将之家，因此从小就受到了良好的家庭熏陶，同时也很有贤德之才。在协助晋悼公恢复晋国霸业的过程中，范宣子充分显示了自己的政治才能。

晋悼公十三年（公元前560年），中军将荀罃去世，按惯例应为中军佐范宣子升任其职。然而范宣子认为，上军将荀偃比他年长，经验又很丰富，更适合任中军将。范宣子礼让贤士，对晋国荐贤重才风尚的发展起到了重要的促进作用，使晋国一时出现了"其卿让于善，其大夫不失守，其士竞于教，其庶人力于稼穑，商、工、皂、隶不知迁业"的可喜局面，并与诸

侯相处和睦，少有战事。

可见，荐才让贤对内可以增强国力，对外可增强威慑力，甚至胜过一时的兵强马壮。

■文苑荟萃

青　蝇

佚　名

营营青蝇，止于樊。岂弟君子，无信谗言。

营营青蝇，止于棘。谗人罔极，交乱四国。

营营青蝇，止于榛。谗人罔极，构我二人。

 # 昭君出塞联盟国

> 王昭君（约公元前53—？），名嫱，字昭君，乳名皓月。汉族人。中国古代四大美女之一的落雁，晋朝时为避司马昭讳，又称"明妃"。汉元帝时期宫女，西汉南郡秭归（今湖北省兴山县）人。匈奴呼韩邪单于阏氏。她的著名故事是"昭君出塞"。

汉宣帝在位时，汉朝又繁盛了一个时期。当时，匈奴由于贵族争夺权力，势力越来越衰落。后来，匈奴之间发生分裂，五个单于分立，彼此攻打不休。

在五个单于当中，其中一个名叫呼韩邪的单于被他的哥哥郅支单于打败了，损伤了不少兵马。呼韩邪与大臣商量后，决定与汉朝和好，于是亲自带着部下到汉朝朝见汉宣帝。

呼韩邪是第一个到中原朝见的单于，所以汉宣帝像招待贵宾一样招待他，亲自到长安的郊外去迎接他，并为他举行了盛大的宴会。呼韩邪单于在长安住了一个多月，他要求汉宣帝帮助他回去。汉宣帝答应了，便派了两个将军带领一万名骑兵护送呼韩邪到了漠南。这时，匈奴正处于缺少粮食的时候，汉朝还送去了三万四千斛粮食。

对于汉朝的友好，呼韩邪单于非常感动，一心与汉朝和好。当西域

各国听说匈奴与汉朝和好后，也都争先恐后地同汉朝打交道。汉宣帝死后，他的儿子刘奭即位，是为汉元帝。没过几年，匈奴的郅支单于便开始侵犯西域各国，并杀了汉朝派去的使者。汉朝派兵打到康居，打败了郅支单于，并把郅支单于杀了。

郅支单于一死，呼韩邪单于的地位就稳定了。公元前33年，呼韩邪单于再次来到长安，要求同汉朝和亲。汉元帝同意了呼韩邪的请求。

以前，汉朝和匈奴和亲，都要挑公主或宗室的女儿，但这次汉元帝决定挑个宫女给呼韩邪。于是，汉元帝便吩咐人到后宫去传话："谁愿意到匈奴去，皇上就把她当公主看待。"

后宫的宫女都是从民间选来的，她们一进入皇宫，就好像鸟儿被关进了笼子一样，都巴望着有一天能被放出宫去。但是听说要离开本国到遥远的匈奴去，却又都不乐意。

在这群宫女中，有个宫女名叫王嫱，也就是王昭君，长得十分美丽，又很有见识。为了自己不再被禁锢于皇宫之中虚度终生，她毅然决定到匈奴去和亲。

管事的大臣正在为没人应征而焦急呢，听到王昭君肯去，就将她的名字上报给汉元帝。汉元帝马上吩咐办事的大臣择个日子，让呼韩邪单于与王昭君在长安成亲。

呼韩邪单于得到这样一位年轻美貌的妻子，自然是感激不尽。当呼韩邪单于与王昭君向汉元帝谢恩的时候，汉元帝才发现王昭君原来是如此的美丽大方，多少还有点儿舍不得。他想把王昭君留在自己身边，可惜已经晚了。

传说汉元帝回宫后，越想越懊恼，便叫人从宫女的画像中拿出昭君的画像来看。画像上的模样虽与她本人有点儿像，但完全没有昭君本人那样美丽。

原来在宫女进宫后，通常都是见不到皇帝的，而是先由画工画像，将画像送到皇帝那里，由皇帝挑选。有个名叫毛延寿的画工，在给宫女画像时，宫女们都要送点儿礼物给他，让他将自己画得美一点儿。但王昭君不愿意送礼物，所以毛延寿就没有把王昭君的美貌如实地画出来。汉元帝一气之下，就把毛延寿杀了。

王昭君在汉朝和匈奴官员的护送下离开了长安。她骑着马，顶着刺骨的寒风，千里迢迢地来到了匈奴，成为呼韩邪单于的阏氏。久而久之，她也慢慢习惯了匈奴的生活，与匈奴人相处得也很融洽。匈奴人都很喜欢她、尊敬她。

王昭君劝呼韩邪单于停止战争，还把中原的文化传给匈奴人。从此以后，匈奴与汉朝之间和睦相处，有六十多年都没有发生战争。

王昭君自愿出塞，远嫁异族，表现出了一个弱女子不顾边塞荒凉、不畏北地风寒和毡帐之苦的非凡胆识和勇气。关于昭君出塞，《后汉书·南匈奴传》有一段生动的记载，王昭君"乃请掖庭令求行。呼韩邪临辞大会，帝召五女以示之。昭君丰容靓饰，光明汉宫，顾影徘徊，竦动左右"。呼韩邪单于为能得到这样一位美丽的妻子，十分欢喜，"上书愿保塞上谷以西至敦煌，传之无穷。请罢边备塞吏卒，以休天子人民"。

王昭君远嫁匈奴出塞和亲，是当时汉匈双方政治上的一件大事。汉元帝为了纪念这次和亲，特意改元为"竟宁"，意为和平安宁。呼韩邪单于也将王昭君封为宁胡阏氏，意为胡汉友好的皇后。匈奴呼韩邪单于归汉与王昭君出塞，都反映了当时各族人民期望和平安宁的共同愿望与要求。

不幸的是，王昭君与呼韩邪单于结婚仅两年，呼韩邪单于就去世了。王昭君与呼韩邪单于生了一个儿子，名叫伊屠智牙师。呼韩邪单于死后，昭君又依据匈奴"父死妻其后母"的习俗，改嫁给呼韩邪单于第一阏氏所生的长子复株累单于雕陶莫皋。后来，王昭君与雕陶莫皋又生有两女，长女名叫须卜居次，即须卜公主；小女名叫当于居次，即当于公主。

王昭君与呼韩邪单于结婚时，年龄大约20岁，估计在新莽年间（公

元前9—23年）去世。据敦煌发现的唐代《王昭君变文》记载，王昭君去世后，埋葬仪式是按照匈奴的习俗进行的，而且非常隆重。"棺椁穹窿，更别方圆""酹五百瓮酒，杀十万口羊，退犊煻驰，饮食盈川，人伦若海……五百里铺金银胡瓶，下脚无处。单于亲降，部落皆来，倾国成仪，乃葬昭军（君）。"汉孝哀皇帝（公元前6—1年）也曾差使杨少征前往单于处吊唁昭君。隆重的葬仪，反映了匈奴对昭君的怀念和对汉匈和亲的肯定态度。

昭君出塞后的60年，是汉匈和睦相处的60年，也是包括呼和浩特地区在内的整个漠南和平发展的60年，当时各地曾出现了"牛马布野，人民炽盛"的繁荣景象。饱经战乱之苦后享受了60年和平生活的汉匈各族人民，深深地爱戴着王昭君。有民间传说称，王昭君原是天上的仙女，下嫁给呼韩邪单于。她出塞时，当与呼韩邪单于走到黑河边上时，只见朔风怒吼，飞沙走石，人马不能前进。而昭君款款地弹起了她所带的琵琶，顿时狂风停止呼号，天上彩霞横空，祥云缭绕；地下冰雪消融，万物复苏。不一会儿，遍地就长满了鲜嫩的青草，开遍了绚丽的野花。远处的阴山变绿了，近处的黑水澄清了。天上还飞来了无数的百灵鸟、布谷鸟、喜鹊等，在她（他）们头顶上盘旋歌唱。单于和匈奴人民高兴极了，于是就在黑水边定居下来。后来，王昭君和单于走遍了阴山山麓和大漠南北。昭君走到哪里，哪里就水草丰美，人畜两旺。在缺水的地方，昭君每每用琵琶一划，地上就会出现一条玉带般的河流和片片绿茵茵的嫩草。昭君还从一个漂亮的锦囊里取出五谷种子，撒在地下，于是就长出了五谷杂粮。昭君去世时，远近的农牧民纷纷赶来送葬，他们用衣襟包上土，一包一包地垒起了昭君墓。传说昭君墓一日三变，"晨如峰，午如钟，酉如枞"。也就是说，昭君墓早晨如同一座山峰，中午如同一座鼎钟，黄昏时则如同一棵鸡枞（伞菌科圆锥形菌纲植物）。

□心灵物语

　　王昭君自愿出塞，远嫁异族，表现了一个弱女子不顾边塞荒凉、不畏北地风寒和毡帐之苦的非凡胆识和勇气。昭君是民族团结友好的象征，她的功绩也得到了后世的尊重。

□文苑荟萃

怨　词

（汉）王昭君

秋木萋萋，其叶萎黄，

有鸟处山，集于芭桑。

养育毛羽，形容生光，

既得行云，上游曲房。

离宫绝旷，身体摧藏，

志念没沉，不得颉颃。

虽得委禽，心有徊惶，

我独伊何，来往变常。

翩翩之燕，远集西羌，

高山峨峨，河水泱泱。

父兮母兮，进阻且长，

呜呼哀哉！忧心恻伤。

疏勒国与班超的情谊

班超（32—102年），字仲升。是东汉著名的军事家和外交家。著名史学家班彪的幼子，班超为人有大志，不修细节，但内心孝敬恭谨，审察事理。他曾出使西域，为平定西域、促进民族融合作出了巨大贡献。

东汉章帝建初元年，朝廷征召班超回国，疏勒举国忧虑恐惧。

都尉黎弇说："汉朝使者丢弃我们，我们一定会再次被龟兹消灭。我们实在舍不得汉朝使者离开啊！"说完就用刀割断了自己的脖子。

班超回国途经于阗，于阗王侯以下的官员个个痛哭流涕，说："我们依靠汉朝的使者就如同依靠父母，你一定不能走啊！"并交替抱住班超的马腿，班超也想实现自己的远大志向，于是重新返回疏勒。

这时，疏勒的两座城已投降龟兹，而且跟尉头联合在一起，反叛汉朝。

班超逮捕了反叛者，把他们斩首，同时派兵击败了尉头，从此疏勒又恢复了安定的局面。

■心灵物语

安定和谐的社会环境不仅可以使人心情舒畅、生活愉快、活力迸发，而且能使社会矛盾和冲突减少到最低限度，从以上的故事中我们可以体会到各民族之间的感情血浓于水。

■史海钩沉

班超出使西域

汉朝时期，汉武帝开通西域、汉宣帝设西域都护以后，西域诸国与汉王朝就一直保持着良好的关系。永平十六年(73年)，奉车都尉窦固出兵攻打匈奴，班超随之北征。窦固很赏识班超的军事才干，便派他与从事郭恂一起出使西域。经过认真的准备之后，班超便与郭恂率领36名部下向西域进发，最终出色地完成了出使西域的使命。

班超出使西域令丝绸之路再度开放，并使汉朝最终完成了统一西域的宏伟大业。

■文苑荟萃

班　超

邹　浩

功名从古病难成，况作天西绝域行。

纵有平陵同落落，其如卫候尚营营。

杀妻吴起终遭逐，上疏鸿卿不免刑。

定远独能逢圣主，千年万岁蔼嘉声。

两军对峙百姓平安

陆抗（226—274年），字幼节。吴郡吴县（今江苏苏州）人。名将陆逊次子，孙策外孙，三国末期吴军著名军事家。官至大司马、荆州牧，领导了著名战役——西陵之战。

三国的末期，镇东将军陆抗奉吴主孙皓的命令屯兵在江口，以期望夺取襄阳。陆抗是陆逊的次子，不仅才华横溢，而且足智多谋，颇有其父之风。当时，晋朝的势力已日益强盛、今非昔比，伐晋也不是最好的时候，所以他主张应该先保境安民，于是便在江口按兵不动。晋朝的名将羊祜奉其主之命镇守襄阳，希望能趁吴国内部有变之机乘势灭掉吴国。但由于江口的守将是陆抗，他也不敢轻举妄动。在边境，他先以德服吴人：吴人有降而去者，皆听之。同时，他还实行减戍逻之卒的政策，开垦了八百余顷的田地。他刚到军中时，部队的粮食不够维持百日；而不到一年，军中的积粮就够十年用的了，从而使军民丰衣足食，甚得民心。羊祜在军中也常穿着轻便的衣服，系着宽腰带，不披铠甲，帐前侍卫也不过十余人。

一天，部将入帐向羊祜禀告说："哨马来报，吴兵都很懈怠，我们可以乘其无备而袭之，必获大胜。"羊祜笑着说："你们是不是太小看陆抗了呢？此人足智多谋，日前吴主命他攻拔西陵，斩了步阐及其将士数十人，我们要援救都来不及。此人为将，我等只可自守，等到他们的内部有变方可图取。若不审时度势而轻进，此取败之道也。"

一天，羊祜率领诸将出去打猎，正碰上陆抗也在打猎。羊祜就下令："我军不许过界。"诸将得令，就在晋地打围，不犯吴境。陆抗看见了，叹口气说："羊将军有纪律，不可犯也。"到了晚上各自回到了自己的军中。羊祜回到军中后，查问所得的禽兽，一些被吴人先射伤的禽兽都送还给吴人。吴人都很高兴，来向陆抗报告。陆抗召来人进入自己的帐内，问："你们的主帅能喝酒吗？"来人答说："必得佳酿，则饮之。"陆抗笑着说："我这里有一斗酒，藏了很久了。今天你带回去，拜上都督：这酒是陆某亲酿自饮者，特奉一勺，以表昨日出猎之情。"来人见羊祜，汇报了陆抗所问并奉酒的事，羊祜笑着说，"他也知道我喜欢喝酒吗？"于是便命人打开酒壶饮酒。部将陈元说："其中恐有奸诈，都督且宜慢饮。"羊祜笑着说："陆抗不是恶毒的人，不必疑虑。"于是倾壶饮之。后来，两军就经常互相来往。这天，陆抗派人问候羊祜。羊祜问："陆将军好吗？"来人回答说："主帅卧病数日未出。"羊祜说："料想他的病与我相同呀，我已经合成了熟药，可以送给他服用。"来人拿着药回去见陆抗。

众将都说："羊祜是我们的敌人，这药一定不是什么好药。"陆抗说："羊叔子是不会用毒药害我的，你们不用怀疑。"便取出药服了下去，次日病就好了，众将都来拜贺。陆抗说："他以德治国，我以暴治国，这是他不用战役而制服我的原因呀。现在我们应该各保疆界，不要再追求利益了。"

因此，在很长的一段时间里，晋吴两国的荆州边线都处于和平状态。

心灵物语

吴晋两方虽然大军对峙，却有一种和睦的气氛。边境两侧的百姓能够平安生活，可以相互贸易，两军的将士也减少了许多无谓的死伤，这才是和平共处的美好现象啊！不管是一个国家，还是一个家庭，抑或是人与人之间的交往，都该如此。

■史海钩沉

西陵之战

272年，吴国的西陵守将步阐降晋，吴国便派陆抗前往讨伐步阐。就在这时，晋廷派杨肇等率军援救步阐，进军西陵（今湖北浠水西南）。于是，陆抗便率主力对杨肇的军队进行阻击。

两军刚一接触，陆抗的部将俞赞便投降了杨肇，吴军的情况变得十分危急。陆抗针对俞赞对吴军部署情况的了解，估计杨肇可能依俞赞之计先攻自己的薄弱环节，乃临机应变，将计就计，连夜撤下夷兵，换上精兵。

第二天，晋军果然从原夷兵防守的地方开始进攻，遭到了吴军的沉重打击。

■文苑荟萃

甘露亭诗

李　觏

圣主养贤贤养物，气和郁郁通高卑。

城西老宫古松径，一朝坠露甘如饴。

千柯万叶结不解，玉阶琼树光离离。

盰俗奔走竞观者，手攀口吮同齑咨。

学老之人周氏子，好善不类黄冠师。

欲令事迹绚久远，筑亭其他高巍巍。

公之归朝不可借，松树至今犹未衰。

我作此诗揭亭上，他年坠泪如羊碑。

唐太宗与少数民族和睦相处

唐太宗李世民（599—649年），唐朝第二位皇帝，汉族，陇西成纪人，祖籍赵郡隆庆（今邢台市隆尧县）。政治家、军事家、书法家、诗人。即位后积极听取群臣的意见，努力学习文治天下，并成功转型为中国史上最出名的政治家与明君之一。唐太宗开创了历史上的"贞观之治"，经过主动消灭各地割据势力，虚心纳谏，在国内厉行节约，使百姓休养生息，终于使得社会出现了国泰民安的局面，为后来全盛的开元盛世奠定了重要的基础，将中国传统农业社会推向鼎盛时期。

贞观二十一年（647年）五月的一天，唐太宗在翠微殿会见群臣。

他向大臣们提出一个问题："自古以来，有不少帝王虽然能平定汉族地区，但都不能制服周边的少数民族；我的才能不及古人，却做到了他们不曾做到的事情，这是什么原因呢？"

大臣们作了一番恭维之后，唐太宗自己总结道："以往帝王都只看重汉族而鄙视少数民族，唯独我能够像爱护汉族一样地爱护少数民族，所以各少数民族对待我犹如对待他们的父母。"

唐太宗的这番话尽管过分夸大了其业绩，但是在处理民族关系上，他的功绩的确是前所未有的。

另外，唐太宗的陵墓——昭陵内按唐太宗生前的安排陪葬墓中有十个是少数民族大臣，从中也可看出他对少数民族的重视。

■心灵物语

唐太宗处理民族关系的做法值得称道，唐朝的汉族和各少数民族和睦相处，出现了历史上难得的民族关系融洽、各族和睦共处的黄金时期。只有各民族能够和睦共处，社会才会安定，各族人民的生活才能和谐美好。

■史海钩沉

"天下英雄，入吾彀中"

唐朝贞观初年，有一次，唐太宗李世民想亲自看看考进士的情况。因此在发榜的那天，他就带着几个内侍，微服来到考试进士的端门前。只见许多新考取的进士正排成长长的一队，一个接一个地走出来。唐太宗很高兴，对身边的内侍说："天下英雄，入吾彀中矣！"

彀是指射箭时箭所能达到的射程。这句话的意思是说：天下的人才全都落到我的手中了。

■文苑荟萃

赋尚书

李世民

崇文时驻步，东观还停辇。

辍膳玩三坟，晖灯披五典。

寒心睹肉林，飞魄看沉湎。

纵情昏主多，克己明君鲜。

灭身资累恶，成名由积善。

既承百王末，战兢随岁转。

唐朝与朝鲜友好往来

崔致远（857—？），朝鲜新罗时期诗人。字孤云或海云。王京（今韩国庆州）沙梁部人。869年来中国学习，5年后进士及第。877年任宣州溧水县尉。881年任淮南节度使的从事。后唐僖宗授都统巡官承务郎侍御史内供奉职。884年以唐使身份归国，被新罗国王授予侍读兼翰林学士、守兵部侍郎知瑞书监。894年向真圣王献时务策十余条。后屡遭诬陷，外放为大山、富城郡守。因对现实不满，隐居伽倻山，不知所终。

唐朝初年，朝鲜半岛上的高丽、百济和新罗等国，与中国都有比较友好的往来。675年，在新罗统一了朝鲜半岛的大部分之后，直至唐朝末年，都始终与唐朝保持着友好的关系。两国每年都互遣使节，不断地从陆海两路互相往来。"受命辞云陛，倾城送使臣"的送出使新罗使节的诗句，充分表明当时唐朝人民对出使新罗的重视。

当时，新罗国王也不断派遣使臣带着珍贵的礼物来到唐朝的长安，唐朝也经常以名贵的礼品答赠新罗。在唐开元年间，唐朝曾一次就赠给新罗精美的丝织品300段。

新罗还派了大批的留学生来到长安学习。在唐朝的外国留学生中，以新罗的留学生人数最多。837年，来唐留学的新罗学生人数多达216人。840年，学成归国的新罗学生一次就达到了105人。从821年至唐末，新罗的留学生参加唐朝科举考试考取"宾贡"（外籍进士）的就达

58人。唐朝著名的诗人崔致远12岁时来到唐朝，18岁中进士，29岁返回新罗。他曾用汉文写下了《桂苑笔耕》20卷，并保存了不少当时中国的史料，至今还是研究唐史的重要资料。《桂苑笔耕》被收录到《新唐书·艺文志》当中，说明当时它很受重视。不仅如此，新罗的留学生在回国时还会带回许多我国的文化典籍，并在吸收传播唐朝文化上发挥了重要作用。

唐朝是当时世界上最为强盛的国家。大唐王朝不仅疆域广阔、物质丰饶、文化发达，而且其开放与包容性也是泽被四海、广纳百川。贞观元年，大唐就已对外国的学生开放科举考试了，外国的留学生都可以考取唐朝的功名，登科及第，称作"宾贡进士"。这一开明的政策吸引了四方异域的学子纷至沓来，入唐留学一时也成为一种风气。这些外国的留学生们都在一所名叫"国子监"的大学里学习，这也是当时很有名气的国际性大学。据史料记载，唐朝的国子监可容纳三千多名学生，而且留学生人数更是甚多，尤其以新罗、日本的留学生居多。这些留学生们的经费主要由实力雄厚的唐王朝出，即使是自费来的学子，也可以获得一定的资助。

■心灵物语

中朝两国友好和睦的历史源远流长。两国人民的交往在唐时就到了很密切的程度。两国人民互相学习、互相合作，才能使两个国家都兴旺发达。这是早就被历史证明的真理。

■史海钩沉

崔志远求学中国

崔致远在来中国时，唐朝已进入晚唐时期。晚唐虽然没有盛唐时期的气宇恢宏，但"百足之虫，死而不僵"，盛世的余荫犹在。少年崔致远进入国子监学习，虽有数百名来自同一国度的同学一起学习，可以排遣思乡之苦，但激烈的竞争局面难遣他灵魂深处的孤独之感。874年，崔致远参加科举考试，一举及第。金榜题名的崔致远终于学有所成，可以稍稍卸下多年的重负，回报故国父老的殷殷厚望。佳讯传到新罗庆州时，崔氏家族简直举族同庆。

□文苑荟萃

长安旅舍与于慎微长官接邻

（唐）崔志远

上国羁栖久，多惭万里人。

那堪颜氏巷，得接孟家邻。

守道惟稽古，交情岂惮贫。

他乡少知己，莫厌访君频。

种世衡不失信为国安

种世衡（985—1045年），字仲平。洛阳（今属河南）人。大儒种放之子，北宋一朝种家将的开山人。由总领西北军务的范仲淹一手提拔。招抚羌人，筑城安边，并巧施离间计，除去西夏李元昊的心腹大将野利旺荣、遇乞兄弟。

北宋中期，对西夏用兵是西北国防的第一要务。

种世衡是经营西北军务成绩颇为显著的名将，在他任洛苑副使、知环州事时，蕃部羌人中有一位正直刚强名叫奴讹的酋长，从不屈服人，从来没有到郡城拜会过地方长官。这次因为听说过种世衡的威名，在种世衡到任时奴讹破例参加了郊迎。

种世衡深明与少数民族的关系是最重要的事务，因而与奴讹进行了亲切的交谈，并且约定次日去拜访奴讹，慰劳部落的民众父老。

但天公不作美，当天晚上下起了大雪，地上积雪竟有三尺多厚。次日清晨，军中僚佐都对种世衡说："他们那里地势很险，大雪之后看不清路上的高低险阻，会出危险，不要去了。"种世衡不以为意，恳切地告诉大家："我们要与羌族人搞好关系，建立起彼此的信任，千万不能失约。"于是他率领随从人员，冒险而进。奴讹看到这样恶劣的天气，心想养尊处优的朝廷命官定不会来了，所以卧在帐中没起来。种世衡来到后，奴讹没有思想准备，直到种世衡开玩笑地用脚踢他起来，他才大吃一惊，说："在您以前，没有大宋官员到我部来视察，这样的天气您怎么还来了？难道不疑心我会借机做对您不利的事吗？"说完，立即率

领其族属向种世衡行礼，表示敬重和欢迎的心意。种世衡就这样以自己的信义和胆略，拉近了当地的汉羌关系。

█心灵物语

种世衡甘冒凶险，亲入部落，取信于羌，为宋夏两国的和睦相处做了很大的努力。他的诚实守信值得我们学习，但他为国家与社会的安定而勇往直前的精神更令我们敬佩！

█史海钩沉

种世衡筑青涧城抵御西夏

北宋初年，西北边疆经常受到西夏国王元昊军队的骚扰，为此北宋与西夏也多次发生战争。因此，百姓异常恐慌，不少人都想迁居南山（秦岭）躲避。

为了抵御西夏的侵扰，北宋王朝应将领种世衡的要求，在故宽州旧地延州（今陕西延安）东北200里处建起了一座新城。在种世衡的率领下，在较短的时间内就建起了一座抗击西夏的新屏障。为了表彰种世衡的功绩，大宋朝廷将这座新城命名为青涧城。

种世衡所筑的青涧城（今清涧）以固延州之势，护河东、河西粮道，并作为进图银、夏州（今榆林南、横山西北）的基地。后来，他率军民且战且筑。建成后，北宋王朝任命种世衡为"知城事"，并授他"内殿承制"。

█文苑荟萃

世衡美谈

佚　名

世衡三代守环州，百民安居五谷丰。

皇恩浩荡远万里，种氏功业佑黎民。

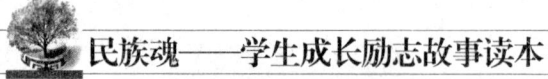

 # 康熙重视民族统一

> 　　清圣祖康熙（1654—1722年），名爱新觉罗·玄烨，康熙的称谓来自其年号。他是在位时间最长的皇帝。康熙执政期间，撤除吴三桂等三藩势力（1673年），平定准噶尔汗噶尔丹叛乱（1688—1697年），并抵抗了当时沙俄对我国东北地区的侵略，签订了中俄《尼布楚条约》，维持了东北边境一百五十多年的边界和平。他在承德修建了避暑山庄，将其作为哈萨克等部王公贵族觐见的场所。

　　清朝康熙年间，清政府采取了一系列恢复生产、缓和社会矛盾的措施，以巩固清朝的统治，而当时的民族政策也服务于这个中心。

　　在清军的士兵当中有回族军人，如甘肃固原（今属宁夏）人马雄。康熙初年，他在广西任总兵；康熙十二年升为广西提督，深得康熙器重。后来马雄随吴三桂反叛，清帝曾派人带谕旨招降，谁知道谕旨还没到呢，马雄就病故了。其子马承荫率部投降，被授伯爵，"给予将军敕印"。

　　当时征讨吴三桂的回族将领还有西宁人马进良，因其技勇过人，屡立战功，后擢直隶提督。后来参与镇压米剌印、丁国栋起义的清军主要将领中，还有宁夏（即今银川）回族的马宁，因功升为都督同知，充总兵官。

　　在对待伊斯兰教的态度上，当时康熙皇帝也表现出了很宽容、慷慨的一面。针对大臣们诬告回族人谋反的事，康熙帝专门颁布了一道圣旨："朕评汉回古今之大典，自始之宏道也。七十二门修仙成佛，诱真归邪，不法之异端种种生焉。既往不咎，再违犯者斩。汉诸臣官分职，时享君禄，按日朝参，而回逐日五时朝主拜圣并无食朕俸，亦知报本，而汉不及于回也。通晓各省：如官民因小不忿，借端虚报回教谋反者，职司官先斩后奏。天下回民各守清真，不可违命，勿负朕恩有爱道之意也。钦此钦遵！"由此可见，康熙对回族及伊斯兰教还是很宽容的，而且还大概了解了回族所信仰的伊斯兰教，并对此有所赞赏。这对回族和伊斯兰教在当时的发展起到了很大的鼓舞作用。

康熙认为，对自己的统治没有构成任何威胁的宗教是不必反对的，否则就容易激化矛盾。如果能超然无为而治，始终保持着政治上的主动，反而更有利于统治。因此对回族及西北少数民族信奉的伊斯兰教，康熙帝采取的是"怀柔""安抚"为主的策略，所以在这个时期，回族还享有一定的政治地位，最起码还享有与汉族平民一样的待遇。

在与西藏少数民族的和睦政策中，康熙还曾册封了四大活佛。

康熙三十二年（1693年），清政府正式册封哲布尊丹巴为"大喇嘛"，承认其总领蒙古喀尔喀的地位。

康熙四十五年（1706年），正式册封章嘉为"灌顶普善广慈大国师"，敕赐金印一颗，他是清代唯一得到"大国师"尊号的活佛。

清康熙五十二年（1713年），正式册封五世班禅为"班禅额尔德尼"（额尔德尼是满语"珍宝"的意思），并按照敕封喇嘛之例，赐给金册、金印，授权管理后藏地方，从此"班禅额尔德尼"的名号被固定下来。

五世达赖喇嘛受清朝顺治皇帝的邀请到北京，备受尊崇，得到正式的册封。1705年，康熙皇帝下令将不守佛规的六世达赖喇嘛仓央嘉措解押进京，六世达赖次年死于途中。康熙帝第二次出兵西藏，兵分三路，直抵拉萨。由西宁出口的中路大军，于1720年将在塔尔寺暂住的七世达赖喇嘛噶桑嘉措护送入藏，噶桑嘉措时年13岁。康熙帝亦正式册封七世达赖喇嘛，赐给金册、金印，印文为"宏法觉众第七世达赖喇嘛之印"。

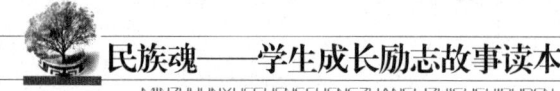
■心灵物语

康熙不愧是一代明君，他深知民族统一国家才能安定和谐的道理，所以以他的文治武功，使多民族统一的局面得到巩固发展，从而创造了"康乾盛世"的繁荣局面，开创了国家兴盛的黄金时代。

■史海钩沉

康熙亲征朔漠，和善蒙古

蒙古曾被分为三大部分，即：漠南蒙古、漠西蒙古和漠北蒙古。努尔哈赤和皇太极经过不懈地努力，曾经完全臣服了漠南蒙古，也就是内蒙古。漠西蒙古就是准噶尔蒙古。康熙年间，准噶尔的噶尔丹率领军队南进，威胁到了清朝的统治，为此，康熙帝决定御驾亲征，最终打败了噶尔丹，统治了漠西蒙古。漠北蒙古是康熙通过一系列的笼络措施完全收服的，也就是外蒙古。所以康熙说："昔秦兴土石之工，修筑长城，我朝施恩于喀尔喀，使之防备朔方，较长城更为坚固。"中国从秦汉时的匈奴到明朝，蒙古这个历史难题2000年来都没有解决，康熙则在自己统治时将这个问题解决了，这的确是个很大的历史贡献。

■文苑荟萃

剿噶尔丹大捷

康　熙

残寇疲宵遁，横冲节制兵。

我师乘锐气，谁许丐馀生。

貔虎三军合，鲸鲵一战平。

愧称谋画定，讨罪荷天成。

第二篇
君爱臣敬官兵情

唐太宗善待臣子

> 杜如晦（585—630年），字克明。汉族。京兆杜陵（今中国陕西西安市长安区）人。唐朝初期大臣。他是李世民夺取政权、开创贞观之治中的主要谋臣之一，深受李世民的重用。凌烟阁24功臣之一。中国唐初名相。从祖杲为北周、隋显官。

　　唐代尚书右仆射杜如晦少时聪颖伶俐。李世民做秦王时，他被举荐到秦王府中做兵曹小吏。

　　当时秦府记室的房玄龄十分赞赏他，并对秦王说："如晦聪慧过人，是辅佐皇帝的天才，失去了很可惜。如果你只想坐守藩镇，用不着他；如果你想统一天下，非用此人不可！"于是，杜如晦被提升为秦府掾吏，封"建平县男"爵位。

　　贞观初期，杜如晦官居尚书右仆射（相当于宰相），与尚书左仆射房玄龄一起辅佐太宗。

　　太宗对杜如晦说："你做仆射，要广开眼界和言路，为我求贤访哲。这可是当宰相的本分啊！如果你整天埋头处理琐事，怎么能替我求得贤才呢？"

　　杜如晦、房玄龄辅佐太宗处理政务，二人配合默契。太宗与房玄龄

商量事情的时候，常常对他说："没有如晦，是不能筹划得这样好的！"

杜如晦在太宗身边时，又常常采用玄龄的主意。杜、房二人在选用人才时，以宽平为主，不求全责备，不用自己的长处去衡量别人的短处，生怕引荐的人才少，时间不长就把国家政事处理得十分妥帖。

后来，杜如晦病逝，太宗对虞世南说："我和如晦君臣一场，情谊深厚。可惜他死了，真是伤透了我的心。你能体恤我的心意，替我为他立块碑吧。"

唐太宗常常回忆起与杜如晦的情谊，时逢新瓜上市，太宗尝鲜之时，都禁不住怆然泪下，掰下一半瓜，放在如晦灵座前祭奠。

□心灵物语

唐太宗不光对待杜如晦如此，对待每一个人都是如此！唐太宗懂得治理国家要以和谐的手段，对待群臣要懂得以礼相待。只有君臣和睦团结，才能把国家治理好。

□史海钩沉

杜如晦辅佐唐太宗开创"贞观之治"

唐太宗李世民刚刚即位时，励精图治，开展了一系列的政治改革。作为李世民的主要谋臣，杜如晦在这些改革中发挥了重要作用。凡是军政大事，杜如晦皆参与议定，在协助唐太宗建立朝章制度、选用官吏、确立法制等方面发挥了重大的作用。当时，统治阶级吸取隋王朝灭亡的教训，对农民采取了一些让步政策，使生产力得到了恢复和发展，国家的政治形势也日趋稳定，经济逐步繁荣，开创了历史上有名的"贞观之治"。时论认为：房玄龄善谋，杜如晦善断，是当时的名相。

□文苑荟萃

房杜二相国

皮日休

吾爱房与杜，贫贱共联步。

脱身抛乱世，策杖归真主。

纵横握中算，左右天下务。

肮脏无敌才，磊落不世遇。

美矣名公卿，魁然真宰辅。

黄阁三十年，清风一万古。

巨业照国史，大勋镇王府。

遂使后世民，至今受陶铸。

粤吾少有志，敢蹑前贤路。

苟得同其时，愿为执鞭竖。

 # 唐太宗礼待群臣

> 魏征（580—643年），字玄成。唐巨鹿人（今河北邢台市巨鹿县人，又说河北晋州市或河北馆陶县）人。唐朝政治家。曾任谏议大夫、左光禄大夫，封郑国公，以直谏敢言著称，是中国历史上最负盛名的谏臣。

一次，唐太宗问魏征："群臣上书给我，从所写的内容看，大都是可以采纳的。可是每当面对面谈话，他们常常语无伦次，令人费解，这是什么原因呢？"

魏征说："据我观察，文武官员上朝奏事，经常要经过多少天的思考和斟酌，尽管这样，等来到陛下面前，仍然是三层意思连一层也表达不尽，况且还要揣摩你的心理，顺着你的心意，避开你的忌讳，看着你的脸色，分析你的言辞，这样怎么能够充分、无拘束地表达出真实的情感呢？"

听了这番话后，太宗接见群臣时，态度特别温和，并且说："隋炀帝对人、对事物猜忌太多，因此临朝时跟群臣对话、交流很少，我则不然，与群臣是亲如一体啊！"

□心灵物语

君臣亲如一体，国家才能昌盛，社会才能安定和谐。魏征明白这个道理，唐太宗也明白这个道理，我们更要明白这个道理，为当今和谐社会作出贡献。

■史海钩沉

魏征的法律思想

在辅佐唐太宗时，魏征很注意对法律的运用。在法律思想上，他遵循封建的儒家正统，强调"明德慎罚""惟刑之恤"。他认为，治理国家的根本在于德、礼、诚、信。一个明哲的君主，为了移风易俗，不能光靠严刑峻法，而应靠居仁由义；光想靠法律来规范天下人的行为是办不到的，"仁义，理之本也；刑罚，理之末也"。

魏征将治理国家所需的刑罚比作驾车的人所需的马鞭。魏征认为，马匹在尽力跑时，马鞭是没有用处的；如果人们的行为都合乎仁义，那么刑罚也就没有用了。但法律或刑罚毕竟是不可少的，他认为法律是国家的权衡、时代的准绳，所以一定要让它起到"定轻重""正曲直"的作用。要做到这一点，关键就在于执法时"志存公道"，而决不可"申屈在乎好恶，轻重由乎喜怒"，否则就不可能求得"人和讼息"。

■文苑荟萃

出　关

魏　征

中原初逐鹿，投笔事戎轩。

纵然计不就，慷慨志犹存。

杖策谒天子，驱马出关门。

请缨系南粤，凭轼下东藩。

郁纡陟高岫，出没望平原。

古木鸣寒鸟，空山啼夜猿。

既伤千里目，还惊九折魂。

岂不惮艰险，深怀国士恩。

季布无二诺，侯嬴重一言。

人生感意气，功名谁复论！

唐太宗敬重老臣

李勣（594—669年），原姓徐，名世绩，字懋功（亦作茂公）。曹州离狐（今山东东明一带）人。唐代政治家、军事家。因唐高祖李渊赐姓李，故名李世绩。后因避唐太宗李世民讳，遂改为单名绩。后被封为英国公，是凌烟阁24功臣之一。

李勣是瓦岗军的英雄和谋士，也是建立唐朝的功臣。唐王朝统一后，他又是北抗突厥、征辽战争中的主将和统帅；唐太宗去世后，他又成为辅佐的老臣。他的忠诚和品德得到了太宗和高宗的敬重。

贞观十五年（641年），李勣在反击延陀的战争中突然患了急病。医生说，这种病需要用胡须烧成的灰来治疗。

唐太宗得知后，亲手剪下自己的美髯，烧成灰，用来和药，为李勣治病。李勣知道后，感动至极，病刚好就去拜见唐太宗："顿首泣血，泣以恳谢。"

唐太宗却说："我是为了整个国家着想，有什么可感谢的呢！"

一次，在宫宴中，唐太宗把太子托付给李勣，诚恳地对李勣说："我把幼子托付给你，因为我再三思索，除了你，再没有更合适的人了。以前你没有辜负李密，今后你也一定不会辜负我的！"

听了这番话，李勣十分感动，泪流满面，将手指咬出血来，表示辅佐幼主的决心。

在这次宴会上，李勣喝得酩酊大醉，沉睡不醒，唐太宗怕他身体受凉，就脱下自己身上穿的衣服，给李勣盖上。

■ **心灵物语**

这种"君臣和睦，同心同德"和谐之风的首创者、有着丰功伟绩的唐太宗，对待老臣体贴入微，能剪下胡须为臣子入药，实属难得。

■ **史海钩沉**

永徽之治

"永徽之治"是指唐高宗李治统治时期的一段盛世。唐高宗李治共在位34年（649—683年），前六年年号为永徽。唐高宗即位之初，曾继续执行唐太宗时期所制订的各项政治经济制度，名臣李勣、长孙无忌、褚遂良等人共同辅政高宗，君臣也都牢记太宗的遗训遗嘱，奉行不渝，训令纳谏、爱民。高宗即位时，便对群臣宣布："事有不便于百姓者，悉宜陈，不尽者更封奏。"不久引刺史入阁，询问百姓疾苦，并训令崇俭，高宗诏令："自京官及外州有献鹰隼及犬马者罪之。"高宗君臣们萧规曹随，照太宗时的法令执行，因此在永徽年间，边陲安定（击败西突厥的进攻），百姓阜安（人口从贞观年间的不满300万户，增加到380万户），有贞观之遗风，故而史称"永徽之治"。

■ **文苑荟萃**

李 勣

佚 名

啸聚声名壮，宏图乱世酬。

沙场少奇策，廷庙尽阴谋。

且向娥眉拜，争知子弟休。

评书千载下，宜配武乡侯。

 # 唐高宗为三朝元老送葬

唐高宗李治（628—683年），字为善。中国著名政治家，唐朝第三位皇帝。庙号高宗，初谥天皇大帝，史称唐天皇。是亚洲第一位创制且采用"天皇"的皇帝。唐太宗第九子，母文德顺圣皇后长孙氏。高宗在位期间，中国对日本的第一次战争——白村江之战，以中国大获全胜告终，奠定了中国在亚洲朝贡体系中的支配地位，也使得日本900年来不敢对中国发动战争。

唐太宗很信赖和敬重老臣李勣，同时更希望自己死后，儿子能继续得到老臣的辅佐。因此，他在患病、逝世之前，将李勣调离朝廷，去任叠州都督，并对太子李治说："我之所以这样做，是因为你对李勣无恩；我死以后，你要立即把他调回来做宰相，这样他自然会对你感恩戴德，尽忠效力。"

唐高宗就位之后，即将李勣召回，任命为"参掌机密"的宰辅大臣，同时像太宗一样对李勣倍加尊重。

李勣患病，高宗亲临看望。李勣因坠马伤足，高宗就把自己的马送给李勣。

总章二年，李勣病逝，唐高宗流着泪说："李勣对皇帝尽忠，为三代侍臣而未尝有过，品德谦慎，不立私产。"下令在光顺门为李勣举哀，七日不上朝，命令将李勣的遗体陪葬在昭陵。出殡那天，唐高宗及皇太子登上未央石城之上哭着送行。

文武百官也一直送葬到故城西北。

■心灵物语

正所谓"君臣和睦，祸乱不作"。唐高宗处理君臣关系的方式，值得我们学习。在现在的社会，要多提倡官民一致、谦虚纳谏、广开言路，这样社会才能真正安定和谐。

■史海钩沉

武后专政

显庆五年（660年），唐高宗李治初患风疾，开始让武皇后处理朝中的部分政务。从此，武后便开始参与朝政，处事也都符合高宗的旨意。在此期间，出于天时、地利、人和等因素，朝政十分顺利，尤其是在隋末唐初屡屡受挫的高丽战场，自显庆五年后也是频频告捷，唐朝的疆域也得到了扩大。

随着唐高宗病情的加重，武后独自处理朝政的机会也越来越多，在朝廷上也就慢慢有了公开的势力，这引起了唐高宗的不满。麟德元年（664年），唐高宗与宰相上官仪商议对策，决定废掉武后。然而这个阴谋最后因武后反应敏捷、处理得法而流产了。为了加强对朝政的控制，当年起，武后就开始垂帘听政。时人将她与唐高宗并称为朝廷的"二圣"。

■文苑荟萃

《唐律疏议》

《唐律疏议》又称《永徽律疏》，是唐高宗永徽二年（651年）所完成的一部极其重要的法典。

《唐律疏议》共500条，分为《名例律》《卫禁律》《职制律》《户婚律》《厩库律》《擅兴律》《贼盗律》《斗讼律》《诈伪律》《杂律》《捕亡律》《断狱律》12篇。全文都保存在《唐律疏议》之中，是中国现存的一部最完整、最古老的典型的封建法典。

《唐律疏议》总结了汉魏晋以来的立法与治律的经验，不仅对一些主要的法律原则与制度做了精确的解释与说明，而且还尽可能地引用儒家经典作为律文的理论根据。《唐律疏议》的完成，也标志着中国古代立法达到了最高水平。

王建安将军善待下属

王建安（1908—1980年），原名王见安。生于湖北黄安（今红安）县桃花区朱家垄村。1927年8月加入中国共产党。1931年任红四军第十师第二十八团副团长。解放战争时期，自1947年起任华东野战军第八纵队司令员兼政委，1948年任华东野战军东线兵团副司令员，1949年1月任中国人民解放军第七兵团司令员，后兼浙江军区司令员。1953年获朝鲜民主主义人民共和国一级国旗勋章。1969年8月任福州军区副司令员。1975年8月任中共中央军委顾问。1956年1月被授予上将军衔，1957年6月被授予一级八一勋章、一级独立自由勋章、一级解放勋章。

王建安将军是我军的一位杰出将领。在王建安将军身边工作过的同志，无论是公务员、警卫员、马夫、司机，还是秘书，对他都有这样一种深刻的印象：他是一位对部属关怀备至、非常宽厚的首长。

抗日战争时期，王建安虽然只有三十多岁，但已经是一名职务不低的军事指挥官了。

当时，有位姓刘的老同志给王建安当马夫。他见这位同志年过半百，身体又不大好，行军打仗总是精心给自己牵马、喂马，很过意不去，便千方百计对马夫加以关照。

行军时，王建安经常自己坚持走路，把马让给马夫骑。马夫不肯，他劝说道："我比你年轻，精力充沛，马还是你骑合适，不要不好意思。"

宿营时，警卫员烧好洗脚水，他先让马夫洗，说："老刘，你年岁

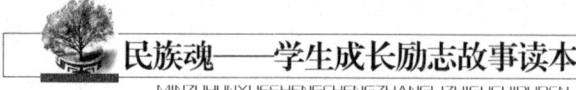
大了，路走多了脚底板子会酸疼，赶快泡泡脚解解乏。"这种情况不知重复了多少次，也不知多少次把马夫感动得落了泪。

后来，部队在一次战斗中缴获了一辆日本鬼子的吉普车，王建安让在自己身边工作多年的小鬼盖玉章去学开车。

小盖聪明机灵，时间不长就学会了。但他的技术毕竟不那么过硬，再加上他年轻好胜喜欢开快车，一次执行任务途中竟把车开翻了。

还好，车子没摔坏，王建安和司机只是受了点儿轻伤。他们从车子里爬出来，小盖又悔又怕，脸色惨白，心想这下可糟了，摔坏了首长那还了得！

正在他准备向首长请求处分的时候，王建安却边拍打身上的泥土，边笑着安慰起他来："小鬼，不要害怕。你开车的时间不长，经验不足，出点事是难免的，今后注意把车开得稳当点儿就是了。"这件事，在小盖的一生中留下了难以忘怀的记忆。

■心灵物语

首长的一句嘘寒问暖的话语，一个微笑的关怀，一个善意、爱护的举动，都会让下属感到春天般的温暖。这才是真正的爱兵如子啊！正因为王建安明白官兵和睦相处的重要性，所以他一直坚持这样做，才使他的部队所向披靡！

■史海钩沉

"无声的战斗"

1941年，王建安任山东省军区副司令员兼参谋长，鲁中军区司令员。这年的11月，日本侵略军两万人分路合击山东军区——五师领导机关，王建安指挥一个营与日本兵激战终日，后来带领机关人员连夜巧妙突出合击圈。随队突围的德国记者希伯对此深为赞叹，称之为"无声的战斗"。

■文苑荟萃

缅怀王建安将军

佚　名

清风两袖终生守，廉政为官百姓夸。

将帅和谐甘副手，军民融洽崛中华。

美机压境狼烟起，名将援朝盛誉加。

远佞亲贤强国路，扬清厉俗遍天涯。

马忠全旅长抬伤兵

马忠全（1914—1995年），湖北省黄安（今红安）县大马贤村人。原名马忠干。参加过长征。中华人民共和国成立后，任海军快艇学校校长，海军青岛基地副司令员，南海舰队副司令员兼榆林基地司令员，北海舰队副司令员兼旅顺基地司令员，北海舰队司令员，中国人民解放军海军副司令员。1955年被授予少将军衔。

1947年元月，正担任晋冀鲁豫军区三纵八旅旅长的马忠全，在山东省鱼台县的杨庄及附近村庄指挥部队打了一场艰苦的歼灭战，取得了歼敌一千五百余人的重大胜利。但由于战斗打得异常残酷，我方的人员也有较大伤亡。

战斗结束后，马忠全命令部队立即打扫战场，清点俘虏和缴获的枪支弹药，安置转移伤员。正在这时，纵队突然发来敌情通报，说国民党的增援部队已逼近距八旅二三十里的地方，情况紧急，要他们马上转移。接到通报后，指挥所里的气氛顿时紧张起来，因为除了敌情紧急外，更主要的是此时还有150名重伤员没有运走。而且，这些伤员的转移已经成了很大的难题：一是旅担架队已全部抬着其他伤员走了；二是在附近村庄找不到民工；三是纵队担架队也已转移，支援不了他们。

为了解决这个难题，马忠全和旅政委卢南樵、旅参谋长史景班等领导同志在指挥所里召开了紧急会议。最后，他们果断地下了决心：没有担架，想方设法找门板、竹椅、木床、木杠、绳子等，自己绑；没有民工，发动机关勤杂人员抬。经过简短的动员，部队很快就做好了出发准备。

转移开始了。指战员们冒着凛冽的寒风，顶着纷飞的大雪，将剩下的150名重伤员一个不落地抬着（背着）上了路。在抬担架的队伍中，旅、团领导干部带头抬伤员，由指挥员变成了担架员。更令人感动的是，先后负过七次伤的马忠全旅长，也加入了抬伤员的行列。由于他的双手都负过伤，抬起担架来十分吃力，尤其是右手，因骨头紧贴抬杆，又不灵活，一吃劲就痛得钻心。在这种情况下，马忠全有意识地让左手多吃劲，抬着伤员艰难地行进在转移的路上。

旅首长亲自抬伤员，极大地鼓舞了全旅指战员，也深深地感动了被抬的伤员们。一名从国民党军解放过来的受伤战士含着眼泪说："在'中央军'当兵挂彩，被狗吃了也没人管；在这里连旅首长都抬伤兵，真让人感到温暖。在这样好的队伍里当兵，不管流多少血，受多大苦，心里也高兴。我一定好好养伤，争取早点儿回来见首长，参加新的战斗！"

■心灵物语

身经百战的马忠全将军曾感触很深地讲道："带兵和用兵之道，贵在爱兵，与兵和睦相处。取信于兵，则可以一当十，以十当百，战无不胜，攻无不克。"这经验是他从几十年的军旅生涯中总结出来的。

■史海钩沉

长乐村战斗

1938年4月4日，日军集结三万余兵力，从山西省的屯留、太谷、长治、平定、邢台、涉县、元氏、洪洞、榆次等地分九路向太行山抗日根据

地进攻，妄图在辽县（今山西省左权县）、榆社、武乡、襄垣地区消灭八路军的主力，吃掉八路军总部的首脑机关，摧毁刚刚创建起来的太行山抗日根据地。4月中旬，反九路军的围攻作战已进入白热化。八路军总部根据战场的形势，命令一二九师快速向日军合围的中心地带挺进，寻机消灭敌人。4月14日午夜，七六九团接到命令后立即出动，由涉县经黎城，攀登十八盘，飞越黄纪垴，星夜疾驰地奔向山西省武乡县的长乐村。

在战斗中，马忠全杀得性起，索性抄起一杆红缨枪，上阵与敌人展开了肉搏战。他在端枪刺倒一个敌人的时候，由于用力过猛，把枪尖都弄断了。他大吼一声，干脆就用枪杆子向敌人的脑袋上狠砸……就这样，他们在一个多小时内连续打退了日军的八次进攻，最终我军取得了长乐村战斗的胜利。

长乐村战斗，共歼灭日军二千二百余人。

■文苑荟萃

将军县

湖北省红安县原名为黄安县。1952年，中央人民政府批准将黄安县改名为红安县。红安县今属湖北省黄冈市代管，位于鄂东北大别山的南麓。京九、京广铁路联络线从县南穿过，从而加快了红安与外地的联系和交流。

红安县是一块神奇的土地，是"黄麻起义"的策源地，是红四方面军的诞生地，也是鄂豫皖苏区的政治、经济、军事、文化中心。革命战争时期，红安县为中国革命的胜利献出了14万英雄儿女的生命，查明登记在册的烈士就有22552人。在这块土地上，还诞生了董必武、李先念两任国家主席，并走出了韩先楚、秦基伟、陈锡联、马忠全等223名将军，其中被授予上将军衔的有8人，中将军衔的有13人，少将军衔的有58人，是全国将军人数最多的县，因此也被称为"将军县"。

 # 司令员给士兵打草鞋

> 王树声（1905—1974年），原名王宏信。湖北麻城人。中国人民解放军高级将领，抗日战争、解放战争时期担任多个地方军区司令员。1955年被授予大将军衔。是中国共产党第八、第九、第十次全国人大代表、中央委员。曾任红四方面军副总指挥、红军西路军副总指挥、晋冀豫军区副司令员、中原军区副司令员等职务。

　　刘伯承和邓小平领导的刘邓大军千里挺进大别山后，由于部队几乎每天都要行军打仗，加上大别山的路相当难走，到处都是沙子、石块和荆棘，许多战士的鞋子很快就磨破了，不少战士的脚上还磨起了血泡。

　　一天，鄂豫军区司令员王树声看到几个战士在一起聊天，便走上前去，很随和问大家："大别山这地方好不好啊？"司令员的话音一落，几个战士就七嘴八舌地给大别山做起"鉴定"来。

　　他们首先给大别山摆了许多优点，有的从作战角度讲，说大别山林深山高，有利于打游击；有的从风光角度讲，赞美大别山山水秀丽，景色迷人；有的从物产方面讲，称大别山是鱼米之乡……当谈到大别山的缺点时，大家都不约而同地埋怨起大别山的路来，说大别山就是路不好，太费鞋。其中，一个被大家称为大老黑的战士，还粗声粗气地提了一条要求："上级要是能发双鞋子就好了。"

　　王树声一直在饶有兴趣地听着大家的议论，听了大老黑的话，他

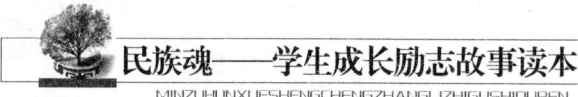
说："你这个要求提得好。不过眼下我们正处在困难时期，群众还没充分发动起来，每人发双鞋子的要求还满足不了。"

"发点儿布给我们，打双布草鞋也行。"

"这也不好办。你们想，这里老百姓穷得连做衣服穿的布都没有，哪里还有布打草鞋呀？"王树声又作了解释。

大老黑接上说："那就搞双草鞋吧。"

"行，这个家我当了。"

见司令员笑着答应了，大老黑很高兴，又半开玩笑地追了一句："当真？"

"不信？你尽管找我要好了。"王树声笑着向大老黑打了保票。

其他几个人听了，都把这些话看作是司令员同大老黑开的玩笑，没怎么在意。可是没过多久，王树声真的把大老黑叫了去，只见他手里拿着一双新打的草鞋，说："给，看看合脚不。"

"给我的？"别看大老黑平时说话很冲，现在倒突然变得不好意思起来。

"不给你给谁呀？告诉你，这可是我亲手打的呢！"

"司令员，我那是说句玩笑话，您……您怎么当真呢？"

王树声看到大老黑脸涨得通红，便把鞋往他手上一塞，笑呵呵地说："快拿去吧。不过，我的草鞋并不是那么好穿的。你要给我多杀敌人，多打胜仗！"

听到这里，大老黑激动地望着司令员，大声回答："是！"

心灵物语

《司马法·严位》曰："凡胜，三军一人，胜。"意思是全军上下官兵一致，就能打胜仗。可见，历史上兵家也将官兵一致作为战胜敌人的必备条件。王树声继承和发扬了古人的这种做法，我们也要向古人学习这种官兵一致、和谐相处的作风。

■史海钩沉

王树声牵制国民党军

　　1945年10月，王树声奉命率部南下，前往河南省、湖北省边境地区的桐柏山，与那里的新四军第五师会合，组成中原军区，任副司令员兼第一纵队司令员和政治委员。接着，他又奉命率部移师光山泼皮河，在极端艰苦的条件下，与兄弟部队一起，牵制住国民党军的精锐部队三十余万兵力达8个多月之久，为我军同国民党军进行战略决战创造了有利的条件。

■文苑荟萃

英雄得胜寨

王树声

英雄得胜寨，破贼显威神。
山上红旗卷，豪绅胆战惊！

远赴他乡的中国官兵情

随着中国国际地位的提高，中国军人走出国门，参加世界维护和平任务的批次也越来越多。

第九批赴利比里亚执行维和任务的我军某部工兵大队建筑中队，是一支作风顽强、官兵关系融洽、大队领导放心的中队。在这里中队干部和士兵讲得最多、体会最深的是官兵之间的和谐与友爱。

刚到利比里亚，战士们不习惯这里的环境。有时贪图凉快把空调温度开得过低，可睡的时间一长就容易感冒；有的晚上起来站岗时匆匆忙忙忘了抹驱蚊膏，陡然增加了被蚊虫叮咬感染疟疾的危险。于是，中队长邓建伟就专门随身带着一个小本子，把每个人爱忘记的小事都一件一件地记下来，随时提醒大家注意。

慢慢地，大家发现中队长的小本子里的内容越来越丰富。每天点名时，中队长都会对当天的事进行一下讲评，而且一件事都不会漏掉。刚开始大家还很纳闷：中队长怎么这么神，什么事都瞒不过他！后来大家才发现，中队长是把许多小事都记在了那个小本子上！中午大家都在午睡，他一定会逐个宿舍地检查；半夜里站岗的同志刚打了个哈欠，他就出现在身后了；白天哪怕只有一个人在干活的地方，他也准会转到；就连谁拉肚子了，都逃不过他的"千里眼"。

战士吴灵帅感冒了，中队长着急得不停地嘘寒问暖，端水送饭到床前。等到吴灵帅病好了，他又板起面孔说："星期一晚上你是不是光背

睡觉了？这怎么能不感冒呢？我本子上都是有记录的！"

后来，战士们都亲切地称中队长的小本子是"黑名单"，唯恐自己"榜上有名"。

到利比里亚后，因气候不服，战士李焕军的双脚感染了脚气，脚肿得像刚出锅的馒头一样，脚背上还有多处溃烂流脓，行走非常困难。

这时，指导员朱学涛急得像热锅上的蚂蚁，又是送药，又是陪床，还专门把大队发给中队干部的一袋苹果拿来。别看一袋苹果在国内很普通，对利比里亚那样一个物资极度贫乏的国家来说可不常见，那都是联合国驻利比里亚代表团在其他国家采购，又用冷藏车几经辗转运到的。在平时，伙食里连绿色的蔬菜都很少见，往往饭桌上只是洋葱、胡萝卜和马铃薯，更别说水果了。

苹果拿来后，李焕军舍不得吃，就偷偷地把苹果放到每个人的手提包里。可第二天他发现，苹果又回到了自己的包里。就这样让来让去，最后苹果受不得炎热的天气，烂了，只得扔掉。

利比里亚高温炎热，稍一动就会汗流浃背，但洗了衣服后，随时都会遭遇一场暴雨。如果把衣服晾在宿舍里，影响内务不说，往往衣服晾好几天还不干，好不容易干了，闻着还有一股霉味儿。

队务会上，一班长唐淇江把这个问题提出后，中队很快讨论出解决的方法：在宿舍后面修建两座小亭子，下雨时可以晾衣，平时可以休闲。

于是，大家马上行动。战士龚建平发挥电焊的特长，找来大队废弃的钢管，很快就把亭子的骨架焊了起来，再在上面盖上两块波纹钢薄板，一个避雨亭的雏形就形成了。然而大家还不满足，又在亭子中间搭了个桌子，有心的同志在桌子上画上了象棋盘，桌子四周用棕榈干做成了条凳，给柱子刷了红漆，挂上个"休闲亭"的牌子，一个集晾衣服和休闲的小亭子就诞生了！

后来，这两个"休闲亭"成了大家娱乐、学习的好去处。每当空余时间，大家都会聚在这里下棋、看书、聊天。虽然条件简陋，但大家自己动手，既方便了生活，又丰富了课余生活。

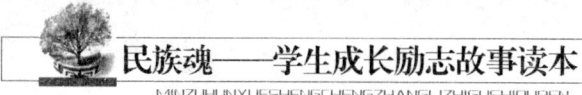
心灵物语

这个中队的氛围是其乐融融的，官兵只有和睦相处、坦诚相待、团结一心、步调一致，才能形成更加无坚不摧的凝聚力，才能增强其战斗力。而这一幕幕融洽相处的画面，让我们感动的同时，也值得我们反思和学习。

文苑荟萃

中国维和兵

高 伟

一顶蓝盔定义了我们的使命

一条蓝围巾加重了我们的责任

鲜红的国旗在我们的臂膀上闪耀

我们是新时期的中国维和军人

维护国家稳定，同时也向世界伸出了援助之手

忍辱负重的年代已经过去

我们曾等待

我们曾忍受

最终我们走向了胜利

走向了光明

如今我们有强壮的身体

我们有宽广的胸怀

我们有坚韧的品质

我们有维护世界和平的决心和信心

第三篇
邻里和睦家和亲

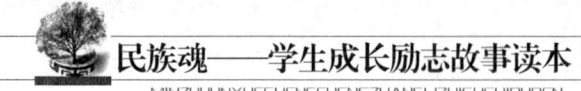
郑氏家族的"孝义之门"

> 　　朱元璋（1328—1398年），明王朝的开国皇帝。原名重八，后取名兴宗。濠州（今安徽凤阳县东）钟离太平乡人。25岁时参加郭子兴领导的红巾军反抗蒙元暴政，龙凤七年（1361年）受封吴国公，十年后自称吴王。元至正二十八年（1368年），在击破各路农民起义军和扫平元的残余势力后，于南京称帝，国号大明，年号洪武，建立了全国统一的封建政权。朱元璋统治时期被称为"洪武之治"。葬于明孝陵。

　　元末明初，浙江浦江县郑氏一家累世同居，被称为"孝义之门"。

　　明太祖曾召见当时主持家政的郑谦，并从郑家选拔了子弟到朝中任用。郑氏一家累世同居已近300年。郑氏治家之法，每代以一人主持家政，父死子继，兄终弟及。

　　当郑谦以"赋长"身份到南京进见时，明太祖曾问郑谦："你能治家长久的根本之道是什么？"郑谦答："谨守祖训。"明太祖对郑谦的回答很满意，赏给他一点儿果子。郑谦拜谢了太祖，这点儿赏赐却舍不得吃，回家后分给了家人。太祖对郑谦的行为很赞许，准备授予郑谦官职，却被郑谦以年老为由推辞了。

　　明朝初年，不少富贵人家都因犯罪而被灭宗，当胡惟庸因犯罪被杀时，受牵连人很多。有人告发郑家与胡惟庸案有牵连，官吏派人到郑家

提人，兄弟们都争着上前受缚。

当时，郑谦正在南京，他的弟弟郑湜独当其责，被捕入狱。郑谦等他们到南京，要求自己承担罪责。他说："我是哥哥，应由我来承受罪责。"弟弟郑湜说："兄长已经年老，我自己会去辩白清楚的。"

郑氏兄弟争相入狱的事情传到明太祖那里，他当即召见了有关人员，对办案的官吏说："能够这样襟怀坦白、争相入狱的人，怎么能随从坏人叛逆犯罪呢？"

明太祖不仅宽免了郑氏兄弟的"罪过"，而且还当即提拔郑湜为左参议，并让郑湜荐举自己所知的有才能的人。

郑谦死后，他的弟弟郑湜主持家政。洪武二十六年，太子的东宫缺少官吏，太祖命群臣推举能敦行孝义的人进宫填补，群臣都推郑家兄弟。

明太祖说："除郑家外，当地还有五家，同样仿效郑家的家法。"于是，明太祖命征召郑、王两家30岁以上的子弟都到京师，以备选用。

这次擢选了郑谦之弟郑济与王懃为春坊的左、右庶子。

后来，太祖又征召郑谦另一个弟弟郑沂，把他从一个普通老百姓直接擢升为礼部尚书。郑沂上任一年多，辞官归居。永乐元年，郑沂入朝觐见明成祖。

明成祖仍然留他任原官，不久，郑沂还是辞官回家了。后来，郑谦的侄子郑干官至御史，郑棠官至检讨。郑家其他得官者还有几人，郑家在当时的名声更加显赫了。

□心灵物语

优良的传统，就当代代相传；孝义之门，传承永远不灭。有着"孝义之门"的家庭想必是幸福而安定和谐的。

■史海钩沉

朱元璋注意节俭

朱元璋是个十分爱惜民力、提倡节俭的皇帝。他即位后，在应天修建的宫室只求坚固耐用，而不求奇巧华丽，同时他还让人在宫室的墙上画上许多历史故事，以提醒自己注意勤俭治国。按惯例，朱元璋使用的车舆、器具等物，都应该用黄金装饰，但朱元璋下令全部以铜代替。主管的官员告诉朱元璋，这些器物用不了很多黄金，朱元璋却说，他不是吝惜这点儿黄金，而是想提倡节俭，自己应作为典范。

■文苑荟萃

登江苏金坛顾龙山

朱元璋

望西南隐隐神坛，

独跨征车，信步登山。

烟寺迂迂，云林郁郁，风竹珊珊。

一尘不染，浮生九还，

客中有僧舍三间，

他日偷闲，花鸟娱情，山水相看。

 # 阿豺折箭教子

> 阿豺（？—424年），即慕容阿豺，又称沙州刺史。为4—6世纪建立之吐谷浑王国统治者之一，武王树洛干的弟弟，承袭武王担任国王，在位时间为418—424年。

南北朝时，吐谷浑国君长阿豺是鲜卑人，有20个儿子，其中纬代是长子。

有一天，阿豺对他的儿子们说："你们各自给我送上一支箭，然后在地下玩耍。"

一会儿，阿豺命令同母弟慕利延说："你取一支箭把它折断。"

慕利延取过箭，一折，断了。阿豺又说："你再取十九支箭折折看。"

慕利延取过箭，折啊折，折了半天也折不断。

阿豺对他的儿子们说："你们知道不知道？单支箭容易折断，好几支箭合在一起就难以折断了。这就可以说明：不管是一个家庭，还是一个国家，只要齐心合力，就可固若金汤！"

心灵物语

阿豺让后代们明白，从一个国家到一个家庭，只有和谐、团结才是

最重要的。只有每个人、每个家庭都能遵循家庭和睦相处的原则，社会才能稳定发展，国家这个大"家"才能繁荣富强。

■史海钩沉

阿豺可汗向中土进贡

阿豺可汗以智慧著称于世。这位有着极强寻根意识的可汗站在白雪皑皑的西倾山上，望着白龙江滔滔东流，发出了"水尚知归，吾虽塞表小国，而独无所归乎"的感叹。他认为，南朝刘宋的政权属于华夏的正统，因此主动向远在千里之外的刘宋政权遣使上表，进献土特产。

这还仅仅是个开端，后来，历代吐谷浑王都频频向中原王朝遣使进贡。到了唐代时，吐谷浑王国已经成为中原王朝名副其实的藩国了。

■文苑荟萃

和元厚之平羌

（宋）王　珪

诏收新土凤林东，四百年来一战功。

葱岭自横秦塞上，金城还落汉图中。

轻裘坐款无遗策，折箭来庭有旧风。

零雨未濛音已捷，不功归旅咏周公。

 # 杨氏家风亲情和睦

> 弘农杨氏(生卒年不详),是杨姓的郡望之一,始自西汉丞相杨敞。杨敞玄孙杨震东汉光武帝时官居太尉,人送称号"关西孔子"。"四知"的典故,就来源于这位"清白吏"。其子杨秉、孙杨赐、重孙杨彪,皆能继承震公遗风,且均官至太尉,是为东汉"四世三公"。另杨震第五子杨奉的后代,也是世居高官。从"西晋三杨",到北魏杨播兄弟,无不是一时显赫。

杨播,字延庆,弘农华阴人,是北朝的著名士族高门之一。弘农杨氏在东汉时就是以学行闻名于世的大族,自杨震以下,四代皆有人担任居三公之首的太尉,史称其"四世太尉,德业相继"。魏晋时,曾因政治原因而一度中衰,到北魏时又成为朝中显贵。杨播历任左、右卫将军及太府卿、华州刺史等职,其弟杨椿位至司徒、太保,杨津位至司空。但他们兄弟并不以富贵骄人,"而言色恂恂,出于诚至,恭德慎行,为世师范"。

尽管他们兄弟都出任高官,但在家时,"兄弟旦则聚于厅堂,终日相对,未曾入内。有一美味,不集不食。厅堂间,往往帏幔隔障,为寝息之所,时就休偃,还共谈笑",即使分处异地,也相互惦念。"初,(杨)津为肆州(刺史),(杨)椿在京宅,每有四时嘉味,(杨津)辄因使次附之,若或未寄,不先入口。椿每得所寄,辄对之下泣。"附寄之物

有限，所表现出的手足亲情却浓厚之极。

家中的子弟对父兄都十分尊敬，即使彼此年龄皆已很大仍是如此。"（杨）椿、（杨）津年过六十，并登台鼎，而津尝旦暮参问，子侄罗列阶下，椿不命坐，津不敢坐。椿每近出或日斜不至，津不先饭，椿还，然后共食。"在他们兄弟的带动下，尊长爱幼成为家中的传统，所以能"一家之内，男女百口，缌服同爨，庭无间言"。

杨播为从小培养子弟们的道德与学识，特别设立家学，昆季就学者三十余人。父兄们还特别注意树立典型，以激励子弟，如杨情年幼时就曾因不与兄弟们争抢落地的苹果而受到奖励。对子弟的不足之处，则时时加以告诫，杨椿在致仕还乡时，特别针对子弟们的过失而指出："闻汝等学时俗人，乃有坐而待客者，有驱驰势门者，有轻论人恶者，及见贵胜则敬重之，见贫贱则慢易之，此人行之大失，立身之大病也。"在他们的教诲下，家中子弟大多文雅宽厚、谨慎节俭，而且通文学，并有治世之才。

心灵物语

弘农杨氏家的家庭是温馨而和睦的，而这种兄友弟恭、父子和爱的优良家风更值得后人敬慕与学习！

史海钩沉

弘农杨氏的由来

据《通志·氏族略》中所记载，弘农杨氏也就是春秋羊舌氏的后裔。《氏族略》说："叔向生伯石，字食我，以邑为氏曰杨石。党于祁盈，盈得罪于晋，并灭羊舌氏。叔向子孙逃于华山仙谷，遂居华阴。"

据《史记·晋世家》及《新唐书·宰相世系》书所记载，晋顷公十二年（公元前514年），晋国的大夫祁柔之孙祁盈的家臣祁胜和邬藏互相交换妻子，结果被祁盈发现，他就将两个人囚禁起来。当时有个大夫名叫荀砾，由于受了祁胜的贿赂，便状告祁盈私自抓人，结果晋顷公就逮捕了祁盈。杨食我是祁盈的好朋友，他认为晋顷公这样做是处事不公，一气之下就帮祁家杀死了祁胜和邬藏。晋顷公大怒，晋国的其他几家公卿正想削弱公族势力，于是便乘机杀死了祁盈和杨食我，并攻灭祁氏、羊舌氏两族，分祁氏之田为七县、羊舌氏之田为三县，作为这些公卿子孙的食邑。羊舌肸（叔向）的子孙逃到华山仙谷，居住在华阴（今陕西），称为杨氏，这就是弘农杨氏由山西徙居华阴的历史过程，也就是弘农杨氏的由来。

□文苑荟萃

归　家

（元）王　冕

我母本强健，今年说眼昏。
顾怜为客子，尤喜读书孙。
事业新灯火，桑麻旧里村。
太平风俗美，不用闭柴门。

李光进兄弟和睦相处

李光进（750—815年），本姓阿跌。其先祖为河曲（今山西河曲县）部族，因李光进兄弟从小依靠姐夫舍利葛旃，所以家在太原。李光进从大历四年（769年）到元和八年（813年），历任振武节度使、灵武节度使，兼任御史大夫、代州刺史、刑部尚书、工部尚书，曾被封为范阳郡公和武威郡王，是一名身兼数职、战功卓著的勇将。

李光进、李光颜兄弟二人是稽胡阿跌部落人，原居河曲（今青海东南黄河曲流处），后迁居太原（今山西太原晋源镇）。

李光进历任朔方军裨将、渭北节度使、灵武节度使等职，封武威郡王。李光颜历任河东军裨将、忠武军节度使、凤翔节度使、河东节度使等职。他们都曾参加唐王朝平定安史之乱及其后与藩镇之间的多次战争，李光颜还曾率军与入侵的吐蕃军队血战。兄弟二人都以勇健果敢、能骑善射、勇冠三军而闻名。他们原姓阿跌，因屡立战功，唐朝皇帝赐他们姓李，与皇室同姓，以示荣宠。

唐中后期，不少武将居功恃宠，专横跋扈，不仅在外"嫉文吏如仇雠""视农夫如草芥"，就是在家里也是互不服气，你争我夺，父子反目、兄弟相残的事屡见不鲜。而李氏兄弟虽然在战场上都是使敌人闻风丧胆的勇将，但是在家庭生活方面以孝敬母亲、互相谦让友爱而

深受称赞。

　　他们对母亲十分孝顺。母亲死后，他们为母亲服丧，三年不归寝室，以表示对母亲的哀悼思念。

　　他们兄弟之间关系融洽，十分友善。弟弟李光颜先娶妻，当时他们的母亲还健在，老母亲把家事委托给李光颜的妻子，让她主持家务。老母亲死后，李光进也娶了妻子。此时，李光颜为表示对兄嫂的尊重，让自己的妻子清点、登记家中的财产，将钥匙交给嫂子。李光进却又让自己的妻子把钥匙交还给弟妹。他对李光颜说，虽然我是兄长，但弟妹自初侍奉母亲时起，就由母亲让她主持家务，现已多年，不能因我娶了妻子，就改变母亲当年的安排，此事"不可改也"。

　　此时，兄弟俩都被对方的诚挚、友爱感动，于是互相拉着手，泪流满面。最后他们商定仍按母亲生前的安排，继续由李光颜的妻子主持家务。

■心灵物语

　　李光进、李光颜兄弟二人的做法值得我们学习。兄弟姐妹若能和睦相处、没有争执，就不会让父母操心，整个家庭其乐融融，所以，子女和睦也是对父母的孝顺。

■史海钩沉

"大小大夫"的由来

　　李光进生活的时代，正是唐王朝由盛转衰、藩镇割据愈演愈烈、弱肉强食、战火四起的动乱时代。李光进子承父业，很早就从军打仗了，而且身经百战，屡立战功，曾追随太原留守北都长史马燧救临洺（今河北永年地）、战洹水（今河北大名地）、收河中（今山西永济）。因为他战不惜命、斗不惧

死，所以很快便由军校先后升前、后军牙门将的御史大夫、代州刺史。

元和四年（809年），早就与藩镇淮西节度使吴元济暗通款曲的王承宗，所做的一些不规矩的事被朝廷得知，便仓促反叛、举兵割据。李光进率其弟李光颜，追随河东节度使范希朝讨伐王承宗，兵救易定（今河北易县、定州），在定州新乐（今新乐）的木刀沟大破王承宗。这一战役，李光进、李光颜兄弟冲战在前，视死如归，颇得军中上下赞叹。他们荣冠当时，兄李光进被誉为"大大夫"，弟李光颜被誉为"小大夫"，一时被传为佳话。

■文苑荟萃

述旧纪勋寄太原李光颜侍中二首

（唐）杨巨源

玉塞含凄见雁行，北垣新诏拜龙骧。

弟兄间世真飞将，貔虎归时似故乡。

鼓角因风飘朔气，旌旗映水发秋光。

河源收地心犹壮，笑向天西万里霜。

倚天长剑截云孤，报国纵横见丈夫。

五载登坛真宰相，七重分阃正司徒。

曾闻转战平坚寇，共说题诗压腐儒。

料敌知机在方寸，不劳心力讲阴符。

 # 家栽"兄弟和睦树"

在河北省黄骅市聚馆村的冬枣原始林中，有一棵同根三枝的枣树。树虽然不高，但三枝好像从一个圆墩上均匀地分开的，而且距离基本相当，每个枝干都健壮茂盛，比齐着长，好像是在进行团结的竞赛。这就是"兄弟和睦"树。

传说很久以前，这里迁来一户姓刘的人家，父母已亡，只有三兄弟。兄弟三人刚来到这里时，是以熬盐为业，后来由于这里私盐泛滥，官府便平毁了这里的土地，三兄弟只好开了荒，种点大田作物，栽了些枣树，每年的收成也勉强可以维持生计。这兄弟三人的名字也挺有趣，老大叫喜财，老二叫喜富，老三叫喜金。

自从开荒种地以后，三兄弟就经常斗嘴打架，全不如当灶丁（盐户）的时候，因为那时家境好一些。如今刚刚开荒种枣，手头都紧巴，所以免不了个人顾个人，有时为了争一棵树上的枣就打得头破血流，一家人不得相安。

这一年，他们把树都分到了各自的名下，老大的树结枣多，老二、老三不服气，就嚷嚷着要重新分配，但老大一点儿也不让步。这样，兄弟三人的争吵就更加升级了。老二和老三一合计，决定毁坏老大的树。于是在一个漆黑的夜里，兄弟俩就用些酸枣枝和一些杂七杂八的树枝接在了老大的十几棵枣树枝上。当时正赶上老大身体不舒服，就没有去地

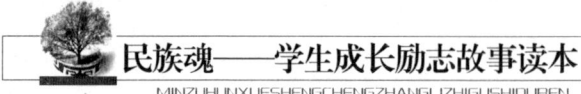

里查看，也没发现树被剪枝嫁接了。过了些日子后，这些嫁接的树枝竟接活了，老二、老三心里偷偷高兴，心想这下让你的树再多结枣，现在你哭都来不及！

过了一些日子，老大病好了，就到园子去查看，结果发现枣树被人动过手脚了，有的枣枝上还蔫巴巴地耷拉着好多杂树枝。他知道这是老二和老三使的坏，就怒气冲冲地找了去，二话不说，伸拳就打，结果三兄弟打成了一团。幸亏有邻居赶来劝解，这才罢手。但兄弟三人都受了伤，老大鼻孔流血，老二瘸了腿，老三断了胳膊。不过，老二、老三却死不承认是他们两人动了树，有的邻居想，不是你们动的，难道是我们这些邻居动的吗？因为那时这地方没几户人家。想到此，有的邻居心里不高兴，就各自散去了，兄弟三人也没趣地各回各家了。

到了深秋，小枣早已晒干入库，唯独老大有一棵枣树很不同寻常，枣子圆又大，青青地下不了树，只到临近入冬时，枣子才红。老大用以往的方法打枣，一竿子打下去，群枣落地，碎裂有声，只见地上一片碎枣瓣。老大感到奇怪，为什么这枣熟得这么晚，而且这么脆呢？他奇怪地伸手摘下一颗，放在口中一尝，枣子酥脆甘甜，非常好吃。他带着疑问摘了几颗送到家中，他的妻子一尝，也觉得甘甜无比，说从来没见过这种好枣，摘下来，咱们分给邻居们吃吧。老大照办，但唯独没送给老二和老三家。

老二、老三听到这件事后，就到邻居家尝了枣子，感到很惊诧，怎么老大的树能长出这么好吃的枣呢？哥俩一合计，认为这是他们嫁接的结果，本来想害老大一下，没想到却偏偏帮助了他。哥俩一想到这，又生气地找老大理论。老大更是生气，本来是你们想害我的，原来不承认，现在看到我这棵枣树上结的枣子好了，又说是你们干了好事，鬼才相信！我还没找你们算账呢！说着说着，兄弟三人又打起来了，和往常一样，最后也是各自受伤，被邻居强行拉开。

邻居有个心肠极好的老太太，觉得兄弟三人这样每天打来打去的实在不合适，就开始在三妯娌之间撮合，极力规劝，说动了她们，然后她们各自回去劝自己的丈夫。慢慢地，弟兄们僵硬的死结儿开始松动。

这年春天，兄弟们一起去找当地一位有名的学问家李柳西先生。李柳西告诉他们："兄弟和气家不散，妯娌和气日子甜。"兄弟间要互相谦让，多替别人想，不要太自私，并建议他们合种一棵树，早晚侍弄，共同负责。三兄弟回来后，照着做了，合栽了一棵枣树，并比着劲地培育它。巧得很，这棵树正是三个枝丫。邻居们看到他们兄弟的团结，心里高兴，都说这棵枣树的三根枝是三兄弟的象征，老二和老三也早已把当初想招害树的想法告诉了哥哥，哥哥也早已不在意了。反过来，三兄弟一块儿寻找嫁接那种枣子的方法，开始做嫁接实验。终于有一天，这棵树上也结出了那种酥脆香甜的枣子。后来，慢慢传下"兄弟和睦"树的名字。

■心灵物语

"兄道友，弟道恭。兄弟睦，孝在中。"兄弟姐妹若能和睦、没有争执，整个家庭就会其乐融融。古人讲过："爱的感觉，是温暖；爱的语言，是正直；爱的心地，是无私；爱的行为，是成全。""兄弟和睦树"的故事值得反思。

■文苑荟萃

无　题

佚　名

当年同胞曾相残，各趋私利实难堪。

一番劝慰一棵树，兄弟和睦建家园。

树下品味以往事，留给后人做美谈。

李嘉诚业大不忘教子

李嘉诚自幼丧父，因此少年时家里生活十分困苦。虽然偶尔有舅舅的接济，每天能勉强吃上三顿饱饭，但少年时代的李嘉诚还是经历了辍学、寄人篱下的艰难岁月。在这段最艰苦的日子里，母亲起早贪黑、含辛茹苦地操持家务，抚养家中的孩子。母亲经常在昏暗的灯光下为孩子们缝缝补补，苦口婆心地教导他们成才。因此，当时李嘉诚与两个弟弟、一个妹妹虽然年纪尚幼，但他们始终牢记母亲劝导他们要学会做人，培养自己艰苦奋斗、自强不息、百折不挠、坚强不屈的品质，即使在窘迫的困境面前，也绝不低头。所以现在遇到困难时，李嘉诚总能想到当年贤良的母亲是如何以积极奋进的态度面对艰难的生活的。

为了能让家里人生活得好一些，李嘉诚很早就出来工作了，希望自己可以帮助母亲分担一些家庭的负担，养育弟弟、妹妹，让家人享受生活的乐趣。"吃得苦中苦，来日报母恩"，是李嘉诚当时最真诚的愿望。

李嘉诚的成功是母亲最高兴的事。

在港居住数十年的李嘉诚，虽然每天为商务操劳，但无时无刻不怀念故土，缅怀母恩。李嘉诚曾多次捐资，以老母亲的名义在家乡潮州整修开元护国禅寺。他还耗费巨资购买了一座花园别墅，为的就是让母亲可以安度晚年。每天忙碌于商务的李嘉诚，也总要定期参拜高堂，聆听教诲。

只要自己收到有母亲中意的美食，或喜欢的家乡土产，李嘉诚一定要毕恭毕敬地先让母亲品尝。母亲因病重需住院治疗期间，李嘉诚也是极尽孝道，小心翼翼地亲自抱母亲上下救护车，希望能减轻母亲的痛苦。即使每日商务缠身，他也在母亲住院治疗期间日夜守护在母亲床前，以尽孝道。他遵从母亲的教诲，尽全力帮助弟弟、妹妹开创自己的事业。

1980年，李嘉诚耗费巨资将40年前的故居——府城北门街面线巷的祖宅进行重建，安排堂兄们及子侄辈居住，希望他们衣食无忧，能够安居乐业，成为对社会有用之才。

李嘉诚的母亲于1986年5月1日逝世。在这一天，港督卫奕信及其他政要、香港各界名流、潮汕籍同乡及老家特派代表三百多人，前来参加李嘉诚为母亲举行的隆重丧礼。随后，母亲的遗体接受了佛教的超度仪式，并葬于柴湾佛教墓地。在老一辈人的眼中，李嘉诚已经是光大门楣了，但是李嘉诚的雄心壮志远远超过了这一层。

李嘉诚的表妹庄月明——他日后的妻子，从他穷困潦倒的时候起就一直帮助他，后来又甘当贤内助默默支持着丈夫的事业。

李嘉诚的舅父庄静庵很重视对子女的教育，视庄月明为掌上明珠，庄月明自幼也聪慧过人，先后以优异的成绩毕业于英华女校和香港大学，后来又留学东洋，就读于日本明治大学。

出身富贵的表妹，在精神上给了李嘉诚无限的慰藉与支持。她默默地关注着表哥的一切，为表哥事业的每一次小成就而感到欣喜。

后来，尚未完成学业的李嘉诚拒绝了舅舅的资助，中止了学业外出工作，希望凭借自己的努力为自己争得一席之地。拥有自己公司的舅舅，因为也是白手起家，所以很支持李嘉诚的想法，他希望李嘉诚可以自己闯荡，所以没有让他进自己的公司。李嘉诚深深懂得必须依靠自己，做自己的主人。

李嘉诚为谋生路，先后在茶楼当过堂倌，在钟表公司做过学徒，不

管他的处境多么困难，庄月明都对他不离不弃，一如既往地支持着他。

1950年，年仅22岁的李嘉诚创办了位于筲箕湾的长江塑胶厂，月明从心底深深地钦佩他。

长江塑胶厂于1955年迎来了自己的春天，工厂产销逐渐走上正轨，1957年李嘉诚结束了意大利的考察后，第一个在香港推出了塑胶花，该产品风靡全港。他后来将其推广到全球，成为名副其实的"塑胶花大王"。

1958年，李嘉诚开始涉足地产业。他的第一幢工业大厦位于港岛北角，第二幢工业大厦又于1960年在柴湾兴拔地而起。他的事业迅速迈向辉煌。

时光飞逝，1963年，35岁的李嘉诚在事业上已经创造了越来越多的辉煌，令舅舅刮目相看。当时庄月明也已经31岁，舅舅被他们执着的爱情打动，应允了李嘉诚与表妹的婚事。他们在众人羡慕的目光中终于走进了婚礼的殿堂。

婚后的庄月明进入了长江工业公司工作，希望给李嘉诚以支持。凭借着出色的外语和克勤克俭的作风，她迅速与同事们打成一片，并得到了一致好评。

在当时还算不上是大富豪的李嘉诚，为了让爱妻能有一个舒适的生活环境，斥资63万元买下了一栋花园洋房。这栋洋房当时被人称为是送给庄月明最好的礼物。

李嘉诚事业上的重大转折点是1972年11月的"长江实业"上市。这一决策，是由当时出任执行董事、公司决策核心人物之一的庄月明做出的，只是不为外人所知。低调的庄月明很少出面接受记者访谈，所以，人们在谈论李嘉诚的辉煌业绩时也很少会提到她，但实际上如果李嘉诚的生活中没有了月明，真不知道会怎么样。

李嘉诚的两个儿子李泽钜和李泽楷分别于1964年8月和1966年11月出生，从此庄月明开始专心于家事，照顾老人，抚养孩子。

当然，庄月明依然会为丈夫的事业出谋划策，但她也依然保持着低调的作风，很少在公众场合接受记者采访，也很少与丈夫双双出席各种大小宴会。

1989年12月31日，李嘉诚夫妇出席在君悦酒店举行的迎新年宴会，容光焕发的夫妇俩成为当晚宴会上最耀眼的明星。但第二天下午，骇人的消息传来，庄月明突发心脏病，不治身亡，年仅58岁。在商场身经百战的李嘉诚，面对妻子的突然离世悲痛欲绝，难以自己，不禁泪如雨下。

李嘉诚认为，教育孩子应该培养他们独立的意志品格，不能溺爱娇生惯养，这与家财多少没有关系。

他的两个儿子李泽钜、李泽锴是李家的希望。李嘉诚希望儿子从小就明白，做任何事情都不是那么简单的。无论是做生意还是做富家子弟，都需要付出心血。因此在公司开会的时候，他常常让两个儿子旁听。他是想让儿子明白，做生意需要不停地召开会议，依靠很多人的帮助。他认为富家子弟就好像温室的花朵，根基不稳，禁不起风吹，他将自己艰难创业的历史比喻成在岩石夹缝中生长壮大的小树。他说，根基不稳的植物，在外界的压力下，不易存活；而夹缝中的小树，却能傲立风霜而不倒；因此，他绝不放纵自己的两个儿子，他希望，儿子能够自强自立，独立面对打击，面对困境。

大儿子李泽钜从爸爸的教育中受益颇深，他对李嘉诚的评价是：他很清楚在他生命中对他比较重要的事情，他会将钱用在这上面，比如帮助那些不幸的人，捐资医疗教育事业，这使他的精神世界更加富有。虽然我们的生活是常人无法想象的简单，但简单给我们带来的是幸福。

记得有一次，香港刮台风，李嘉诚门前的大树被刮倒，为了锯断大树，两个菲律宾工人顶风冒雨，全身湿透。李嘉诚见到此景，要儿子马上起床换上游泳裤去帮忙。他说，菲律宾工人因为家庭环境不好，背井离乡来工作，但同样是人，地位与自己一样，他的两个儿子马上下去帮忙抬树。两个儿子懂得，职业不分贵贱，要学会尊重不同职业、不同地位的人。

■心灵物语

　　家是避风的港湾，家族集团是铁壁铜墙的堡垒，但它既有可能防御外敌侵犯，也有可能成为不攻自破无比脆弱的环节。因此，重视对自己儿子的教育，坚持家和万事兴，以和为贵，是李嘉诚的商道之一。

■文苑荟萃

和人喜雨

（宋）梅尧臣

仲冬至仲春，阴隔久不雨。

耕农将失时，萌颖未出土。

帝心实焦劳，日夜不安处。

祷祠烦骏奔，肸蚃杳无补。

帝时降金舆，遍款灵真宇。

百姓知帝勤，变愁为鼓舞。

和气能致祥，是日云蔽午。

夕风不鸣条，甘润忽周普。

已见尧为君，安问谁为辅。

吴越商人同舟共济

吴王阖闾（？—前496年），又作阖庐，姬姓，吴氏，名光。吴王夷末之子（《左传》《世本》，《史记》记为吴王诸樊之子），故又称"公子光"。春秋时吴国第二十四任君主，活动于春秋末期，著名军事家，部分史书认为他为"春秋五霸"之一。

春秋时期，吴、越两个国家是近邻，但也是经常交战的敌对国家。这种状况不仅影响到两个国家的关系，而且也影响到了老百姓之间的感情，就连两国的生产、贸易也受到了影响。

有一次，两个分别来自吴国和越国的商人同时携带着各自的货物登上了一艘商船，一开始两个人就言语不和，争吵不休，相互指责对方的国家和君主不行仁义，不顾邻国，只想霸占对方的国土。两人越吵越凶，几乎动起手来。正在此时，天气骤变，电闪雷鸣，风雨交加，狂风卷着大浪没头没脑地向商船打来，他们只好停止争吵，齐心协力地帮助船工一道抵御风暴。这时风越刮越大，浪也越来越凶猛，一阵狂风吹来，遮盖货物的蒙布被吹开了一角，暴雨不停地打在货堆上，啪啪作响。

吴商见此情景，不顾风急浪大，连忙爬上货堆，紧紧地压住盖布；越商也不示弱，迅速抓住松开的绳子，把它捆在甲板的固定桩上。一个巨浪卷来，忽听船工在喊："快来人，船舱进水了，赶快往外舀水，否则船就沉了，快呀！"

两位商人什么也不顾了，先后跳进舱中，不断地用水斗把水向舱外泼去。经过几个时辰的奋斗，终于保住了船和满船的货物，两位商人和

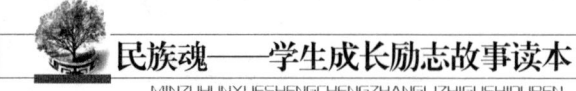
船工都松了一口气。船到港口，两位商人互道珍重，也衷心地希望两个国家能友好相处，两个国家的人民能幸福、安宁地生活。

■心灵物语

这个故事折射出一个道理：不仅邻里之间要和睦相交，国家也同样存在着和睦相处的问题。中国是一个多民族的国家，中华民族的历史是一部以华夏为主体，各民族团结合作、相互支持、共同创造、携手发展的历史，"和为贵""四海之内皆兄弟"是我国人民用来处理对内、对外民族关系的价值取向。

■史海钩沉

吴国灭亡

春秋时期，吴国与中原的诸侯国之间交往十分密切，并开始与其他诸侯国争雄称霸。吴王阖闾在今天的苏州建立了都城，任用伍子胥和孙武攻破了楚国的都城，为其儿子吴王夫差日后成为"春秋五霸"之一打下基础。

然而，阖闾的儿子夫差却不顾国家连年征战所致的国库空虚，在与齐国和晋国争霸成功后，忽视了边界上的越国，并令伍子胥自杀，被越王勾践乘虚而入。公元前473年，夫差兵败而逃，被围困在馀杭山（今天苏州南阳山），向勾践求和。勾践不准，夫差最终自杀，吴国灭亡，吴地也尽属越国。

■文苑荟萃

示长安君

（宋）王安石

少年离别意非轻，老去相逢亦怆情。
草草杯盘供笑语，昏昏灯火话平生。
自怜湖海三年隔，又作尘沙万里行。
欲问后期何日是，寄书尘见雁南征。

李士谦一生和睦邻里

李士谦（523—588年），字子约。赵郡平棘（今河北赵县）人。幼年丧父，孤身事母；又敏慧好学，莫敢弛惰。10岁即通经史，能撰文。魏广平王辟为参军（王府中的重要幕僚）。后因北齐篡魏，去官归家。隋朝建立后，子约毕志不仕，屡征不应，在家与母亲相伴度日。母亲去世，便舍去家宅为伽蓝，延请僧人入居；自己则脱身游学，博览内外经籍，归心佛乘。

在中国封建社会里，地主豪绅固然多为鱼肉乡里之辈，但也有少数人能够克己修身，和亲睦邻。隋朝李士谦就是其中之一。

李士谦学问精深，善天文术数，然淡于功名，不求闻达，安居乡里。

李士谦幼年丧父，为母养大，待母极孝顺。一次，其母亲生病呕吐，怀疑是食物中毒，他跪在地上遍尝呕吐之物，以确定真相。北魏广平王元赞闻其孝名，辟召他为开府参军事，当时其年纪仅12岁。后来其母去世，他长期服丧，哀痛难禁，不思饮食，以致形销骨立，从此不饮酒、不食荤。朝廷多次征其为官，均固辞不受，自此终生不仕。

他家庭极为富有，本人却非常节俭。然而他急公好义，乐施好善，不惜倾囊为邻里排忧解难。州境之内有人无力办丧事，他即赶去资助。当地遭灾，田里歉收，他出粟数千石赈济乡人。第二年收成仍不好，借债者无力偿还，登门道歉，他说："吾家余粟，本图振赡，岂求利哉！"于是招来全部债家，设酒席招待他们，当众烧毁所有借据，说："债了

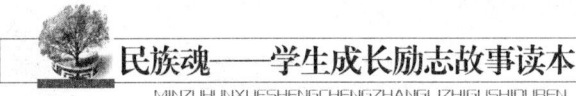
矣，幸勿为念也。"次年，当地大丰收，债家争相还债，李士谦坚决拒之，一无所受。

他年又遇大饥荒，饿殍多发。李士谦倾尽家资，熬粥赈灾，赖以生还者数以万计。乡间遗尸，他都收留埋葬。至春季青黄不接时，又出粮济贫，并且准备种子，分送贫苦农民。赵郡农民感动万分，看到小孩子，就说："此乃李参军遗惠也。"

有人对李士谦说："子多阴德。"士谦说："所谓阴德者何？犹耳鸣，己独闻之，人无知者。今吾所作，吾子皆知，何阴德之有！"其为人之谦冲有德，以至于此。

李士谦一生和睦邻里。乡间有人放牛疏忽，牛闯入李家田地，践踏禾苗。李士谦不但不以为忤，反而将牛牵至阴凉处，以上好饲料喂之，精心照料，甚于牛主人，其后设法还归本主。农民有贫困无存盗其庄稼者，他看见后默不作声，避而远之，任其所为。其家僮曾经捉住一名盗割庄稼者，李士谦非但不加处罚，反倒安慰他说："穷困所致，义无相责。"命人放他回家。有兄弟两人因分家不均，争执不下。李士谦听说后，出资补其少者，使之与多者相等。兄弟皆惭愧不已，于是互相推让，从此和好如初。

李士谦的行为，感动了当地广大人民。开皇八年（588年），他殁于家中。赵郡百姓闻之，无不为之下泪，都说："我曹不死，而令李参军死乎！"

参加其葬礼者有上万人，乡里人相与在其墓地为之树碑。许多人向李士谦家属馈赠钱物，其妻范氏说："参军平生好，今虽殒殁，安可夺其志哉！"所有馈赠一无所受，反而还拿出五百石粟济贫。

心灵物语

李士谦作为地主阶级的一分子，能够尽其所能帮助穷人，周济邻里，值得称道。

■史海钩沉

李士谦感化盗贼

李士谦是个品德很高尚的人。有一天，他看见有一个贼正在他的田中偷割稻谷，李士谦不但不喊捉贼，反而不声不响地避开了。人们都觉得很奇怪，问他为什么不过去把贼捉住，他解释说："俗语有言：'树要皮，人要脸。'人谁不要脸皮呢？人谁自愿做贼呢？都是因为天灾人祸，迫得没有办法，应该宽恕他呀！"

后来这个盗贼知道了李士谦这样仁慈，被感动得洗心革面，从此不再做贼，成为善人。

■文苑荟萃

贤者之孝二百四十首·李士谦

（宋）林　同

杀生非孝也，人未必云然。

绝口杀害语，君看自小年。

范仲淹设"义庄"济族人

范仲淹（989—1052年），字希文。汉族。苏州吴县（今江苏省苏州市）人。唐宰相履冰之后，北宋著名的政治家、思想家、军事家和文学家。祖籍邠州（今陕西省彬州市），后迁居苏州吴县（今江苏省苏州市）。他为政清廉，体恤民情，刚直不阿，力主改革，屡遭奸佞诬谤，数度被贬。1052年（皇祐四年）5月20日病逝于徐州，终年64岁。是年12月葬于河南洛阳东南万安山，谥文正，封楚国公、魏国公。有《范文正公集》传世，通行有《四部丛刊》影明本，附《年谱》《言行拾遗事录》等。

宋代名臣范仲淹以"先天下之忧而忧，后天下之乐而乐"名传千古，人们往往称道他的政治才能和一心为公的精神，对于他创立义庄之事却知之甚少。

范仲淹家乡为苏州吴县（今江苏苏州吴县），其家族多聚居于此。在古代，人民的生活极不安定，丰收的年景尚可过得去，遇到天灾人祸，婚、丧等事，就非常困难了。范仲淹居官清廉，平时俸禄除补家用之外，便施予族人，但尽管他节衣俭食，仍无法解决族人困难，因此想出创制义庄的办法。所谓义庄，就是以范仲淹的俸禄买田十余顷，雇人耕种，"所得租米自远祖而下诸房族，计其口数，供给衣食及婚嫁丧葬之用"。为了使义庄的收入分配合理，范仲淹制定了包括管理、分配办

法的《义庄规矩》。

　　范仲淹所定的《义庄规矩》共13条，大体内容如下：

　　1.逐房计口给米，每口1升，并支白米；如果支取糙米，可临时折扣，糙米1斗折白米8升；每人每月支白米3斗。

　　2.男女都从5岁以上计算口数。

　　3.女使有儿女在家，及15年，年50岁以上给米。

　　4.冬衣每口1匹，10岁以下、5岁以上每口半匹。

　　5.每房允许支给一名奴婢粮米，但不支给衣物。

　　6.有吉凶增减口数，要立即登记上簿。

　　7.逐房各置请米历子一道，每月末在掌管人处批请，不得预先隔跨月份支清，掌管人亦置簿拘辖，簿头记录各房人口数定额；掌管人如自行使用或支予他人，允许各房觉察后勒令赔偿。

　　8.女儿出嫁，可支钱30贯；再嫁支钱20贯。

　　9.娶媳妇支钱20贯，再娶不支。

　　10.子弟出外任官，每次回家等待任命，或守丧，或在川、广、福建任官，留在乡里，都依各房例支给粮米、绢布和办丧事的钱。虽然任官，但有事留家的，也依此例支给。

　　11.各房丧葬，尊长有丧，先支10贯，埋葬时再支15贯；次长支5贯，葬时支10贯；卑幼19岁以下丧葬一律支7贯，15岁以下支3贯；10岁以下支2贯，7岁以下及婢仆皆不支。

　　12.乡里外姻亲戚，如贫窘中非常急难，或遇年饥不能度日，诸房共同了解属实，便可在义庄支米，适当救济帮助。

　　13.所管的逐年粮米从皇祐二年（1050年）十月支给每月的定额，以及冬衣绢布。自皇祐三年（1051年）以后，每一年丰收之后，都要留下够用两年的粮米，在灾荒年，除了给定额粮米之外，一切都不予支取。如果所存粮米够两年支用有余，先支丧葬，次及嫁娶，再有余，才支出冬衣。如果所余不多，吉凶等事便由众房商议，均匀支给。若粮米再少，便先给办丧事之家，后支给办喜事的人；如果同时都有丧事，则

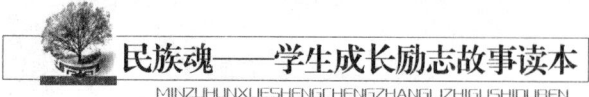
先支给尊长之家，后给卑幼之人，如尊卑也相同，便依所亡所葬的先后支给。要是在支取定额和吉凶等事之外，尚有余粮，也不得粜出转卖给他人。假如仓中有3年以上的储备，顾虑陈腐，在秋季收成时才可粜出，然后换回新米储存。

范仲淹的规矩初定之后，其子弟又在神宗熙宁六年（1073年）制定了《续定规矩》，共有三条，其中有两条是奖励学有所成的族人。

1.诸位子弟得大比试者，每人10贯，再贡者减半，并须实赴大比试乃给，即已给钱而无故不试者追纳。

2.诸位子弟纵人采伐近处竹木，由掌管人申官理断。

3.诸位子弟内选曾得解或预贡有士行者二人充诸位教授，月给糙米5石，若米价每石及1贯以上，即每石支钱1贯。虽不曾得解预贡，而文行为众所知者，亦听选，仍诸位共议；若学生不及6人，只给3石，及8人给4石，10人全给。

从义庄规矩中可以看出，钱米支出基本上在族人中平均分配，不分贫富尊卑，仅有的区别是办丧事时尊者有优先权且数量稍多；其次，每年都要有所储备，以备荒年；遇荒年时以救荒为先，丧事次之，婚事再次；对确有困难的亲戚也可赡补。在续定规矩中又增加了资助教育和鼓励子弟学习文化知识的条文，这在古代是个很有创见的做法，对提高族人的素质、教养起到了重要作用。

范仲淹所创义庄，对族人度过灾荒、筹办婚丧之事，以及帮助无力自存的人很有成效。其后，他还设立了义学、义宅，以义庄中的部分收入作为经费，为族人提供免费教育，为无屋可居者提供住房。"其宗族者宅于斯，学于斯，所耕者义田，所由者义路"。由于范氏义庄效果显著，朝野人士争相仿效。如吴奎所建之吴氏义庄，韩赟的韩氏义庄，向子谨的向氏义庄，此后，宋、元、明、清历代都有效法者，但多由于规矩不合理、管理不善或其他原因而衰落。唯有范氏义庄，经过历代变乱，人事沉浮，延续了九百余年，清末冯桂芬曾在笔记中说："吾乡范文正公守杭郡，买义田立义庄贮租，迄今且900年，世被其泽。"在这

900年中，范氏义庄由当初的千余亩，发展到清道光时的八千余亩；其族人也由最初的九十余口发展到乾隆时的一千五百余人。范氏义庄之所以相沿九百余年不衰，并发展壮大，有以下几个重要原因：

一是范仲淹品德高尚，全心竭力支持义庄，"以余俸买田苏州，号义庄，以聚族属，而（他自己却）敛无新衣，友人筹资以奉葬，诸孤无所处，官为假屋韩城以居之"。他的后代也继承了这一传统，如次子范纯仁，官至宰相，"自为布衣至宰相，所得俸赐，皆以广义庄"。其后历代子孙相沿，不论官居何位，俸禄多赡补义庄，所以范氏义庄虽曾因战乱或其他原因式微一时，但终于延续下来，并比以前更加壮大。

二是从范仲淹开始便注重对族人的文化教育，提高族人的素质，所以"范氏自文正之后，世有贤者，故义庄之设，历久不废"。此外，族人中除个别不肖子孙之外，多数以范氏子孙、礼义之家自诩，因而治家者多，败家者少。

三是义庄规矩较切合实际，范仲淹的初定规矩已经很严密具体，此后子孙又各根据当时情况补充完善，制度就更加严谨，这无疑对范氏义庄的存在与发展起到了重要的保障作用。

更可贵的是，范仲淹创立义庄后，又创立了义学，在族人中实行免费教育，说明他深知教育对提高人的素质有重要意义。其后代又发展这一思想，对族中人才予以奖励，因而使范氏家族历代皆有贤者。创立义庄、义学的做法颇似现在的开发扶贫和教育扶贫，不过他们的对象是族人，而我们扶助的则是社会上所有贫困的人。当然，义庄也有其弱点，其中之一便是勤懒不分，一律平均分配，很有些吃大锅饭的味道。

□心灵物语

范仲淹作为封建社会的士大夫，在家族中创立义庄，目的就是睦族、收族、保族，但在赡补贫穷、族人互助合作方面确实起到重要作用，这在当时是一种创举，也是古代素朴人道主义的自然表现。

范仲淹乐善好施

仁宗天圣四年（1026年），范仲淹到南京居住。当时，南京留守官晏殊已听说范仲淹通晓经学，尤其长于《易经》，于是便邀请仲淹协助自己主持应天府学的教务。范仲淹慨然领命，还把另一位青年朋友富弼推荐给晏殊。

为了便于工作，范仲淹就搬到学校去住。他制定了一套作息时刻表，按时训导学生们读书，夜晚还经常深入宿舍，检查和责罚那些偷闲嗜睡的人。每当给学生们命题作赋时，他必定要先作一篇，以掌握试题难度和着笔重点，使学生们可以迅速提高写作水平。

范仲淹还热情地接待一些迢迢而来的学者，不倦地为他们讲授。有时，他还用自己微薄的俸禄招待他们吃饭，以致自己家中窘迫不堪。

有一次，有一位游学乞讨的孙秀才前来拜谒范仲淹，范仲淹即刻送给他一千文钱。过了一年，孙秀才又来拜谒范仲淹，范仲淹一边送钱给他，一边还问他为何匆匆奔讨，不坐下来静心读书。孙秀才悲戚地说："家有老母，难以赡养。若每天有一百文的固定收入，便足够使用。"

范仲淹对他说："你不像是一个乞客，我帮你在本校找个差事，让你一月可得三千文去供养老人。如此这般，你能安心治学不能？"孙秀才大喜拜命，从此跟着范仲淹攻读《春秋》。第二年，范仲淹离开南京，孙秀才也辞去了这份差事。

 # 杨翥和睦乡邻关系

> 杨翥（1369—1453年），字仲举。南直隶苏州府吴县（今江苏苏州）人。明代官员。少孤，随兄戍武昌，授徒自给。杨士奇少年时，流寄窘乏，杨翥辄解馆舍让之，而自己教授他所。杨士奇心贤之，及贵，荐举杨翥经明行修。宣德时，授翰林检讨，历修撰。正统中诏为郕王朱祁钰府僚，为长史，王即帝位，拜礼部右侍郎，景泰三年进礼部尚书，致仕卒。

　　明朝正统年间（1436—1449年），有五位御史因敢言被加以罪名免去官职，其中有三位是苏州人。苏州籍官员们都想前去为他们送行，但又心存顾虑。郕王府长史杨翥提笔写下"去国一身轻似叶，高名千古重于山"之句，分别请诸人赋诗赠送。有人劝他不要为此触怒权要，杨翥说道："彼固得罪于朝廷，不得罪于乡里，交际之礼，何可废耶？"毅然出面安排了送行之礼。

　　关于杨翥忠厚为人持家的事迹，史述颇多，有些虽是生活中琐事，却十分生动感人。

　　杨翥做翰林修撰时，居在北京，有一次邻居家丢了鸡，怀疑是杨翥家人偷的，于是指姓而骂。家人听了，气愤难忍，来告诉杨翥。杨翥说道："坊市中不独我一家姓杨。"让家人不许去争吵。

　　杨翥家还有一邻，住处十分狭小，没有出水之处，一遇下雨，就要

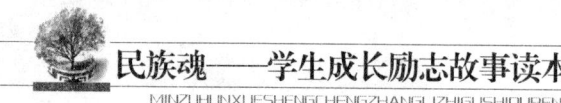
从杨翥家流水，把杨翥家搞得污湿不堪。家人实在受不了，想去找邻人评理，杨翥却心平气和地说道："日晴多雨少，何必校也。"

邻人妨害自己，杨翥从不计较，甚至对邻居家十分关照。杨翥居住在京城，喜欢骑驴代步。他对驴子特别偏爱，每天上朝回家，他常常不顾家人的劝阻，亲自为驴子擦洗梳理，给驴子喂上等的饲料。关驴子的房子就在他的住房旁边，半夜总要起床看一两次，生怕那宝贝驴子受什么委屈。杨翥的邻居是一位老头，快六十岁的时候生了个儿子，老来得子自然倍加疼爱。但这个孩子一听到杨翥的驴子叫就哭个不停，饮食也明显减少，搞得全家人都不得安宁。可杨翥是地位显贵的大官，这家人也不敢向杨翥说这个事。眼看那孩子一天天消瘦下去，父母伤透了脑筋，最后还是把这件事和杨翥说了。杨翥听后二话没说，忍痛把自己心爱的驴子卖了，外出或上朝都靠步行。

■心灵物语

这些事看来虽小，却影响到了左邻右舍之间的关系，有杨翥这样笃行不欺、仁厚绝俗的当家人，他家与邻居乡里关系也一直十分睦洽。

■史海钩沉

杨翥让地三尺

有一次，杨翥家宅院旁的地基被人占去三尺，家人为此与对方发生争执，并希望杨翥利用职权夺回宅地。而杨翥却一笑了之，并提笔写诗，要求让地三尺。杨翥的礼让谦和气度令对方大为感动，非但不再争执，反而主动多让三尺，形成一条六尺宽的胡同，后人称这为"六尺巷"。从此，六尺巷的传说一直流传至今。

盛颙焚烧邻里债券

> 盛颙（1418—1492年），字时望。南直隶无锡（今属江苏）人。景泰二年（1451年）进士，授御史，为束鹿知县。明宪宗登基后，升为邵武知府。后迁为陕西左布政使。成化十七年（1481年）召为刑部右侍郎。后巡抚山东，三年后致仕，弘治中卒。

明成化（1465—1487年）末年，左副都御史盛颙以年老致仕回到家乡无锡。

盛颙在当时是位颇负清名的官吏，初为官时，便因直言敢谏被降为束鹿（今束鹿东南）知县，以清正爱民闻名，远近争来县郊筑室居住，至成街市，号称"清官店"。后来累官陕西左布政使、刑部右侍郎、左副都御史等官，均有惠政。因为感到自己年老，恐精力不济有误政事，才告老还乡。

盛颙回到家中不久，便发生了这样一件事。这一天，他在家中随便走走，来到一处房屋前，房门锁闭甚严，但房中有人声。盛颙感到奇怪，上前查看，发现里面关着几个人。他让人找来钥匙，打开房门，把那几个人放出来，询问之后，方知都是左右邻舍之人。

"诸君何自如此？"盛颙感到惊讶不解，接着又讯问。

"为负息钱。"诸邻人如实而答。

听了邻居们的回答，盛颙不由又吃了一惊。他没有想到，自己在外一生为官清正爱民，家中子弟却私囚负债的邻人，这也使他深感不安。

盛颙将几位邻人从房中请出来，又让人备下酒饭，请他们暂且入席饮食，自己急忙去招呼子弟们前来，让他们取来债簿和券契。子弟们自然知道盛颙的用意，都不愿拿出来。盛颙只好对他们说："吾将自阅，以施于官。"子弟们听了，半信半疑，只好将簿券取来，交给盛颙。

盛颙拿着簿券来到席前，当着几位负债邻人的面，将那些债簿、券契付之一炬，眼看全都化作灰烬了，盛颙又上前行礼说道："多谢诸君，幸无怪，烦传语乡里，自今更无索矣。"

诸邻人谁也没有想到竟会是这样的结果，酒后感激而散。盛颙焚券睦邻的事也便从此为人传颂。

■心灵物语

盛颙深明大义，明白与乡亲、邻居和睦相处要以真为根，以诚为本，只有这样，人与人之间才没有那么多的尔虞我诈。如果人人都懂得这个道理，那么社会就会变得安定祥和。

■史海钩沉

成华年间荆襄流民的安置

荆襄的流民是元代以来困扰统治者们的一个大难题。荆襄的流民主要集中在今天的郧县地区。这里万山环绕，又处于湖广、陕西、河南三省的交界处，因此在元、明时代也是一个三不管的地区。每当遇到国家遭遇灾荒、战乱等，这一带都常常聚集着近百万的流民。成化年间，朝廷对流民开始重视和陆续安置，这主要源于刘通、石龙的起义。政府在镇压农民起义之后，又任命原杰安抚这些流民，并设置了郧阳府，将流民用户籍的形式固定在当地，又设置了郧阳巡抚，从而一劳永逸地解决了这一难题。

吴宽为乡亲义举行善

> 吴宽（1435—1504年），字原博，号匏庵、玉亭主，世称匏庵先生。直隶长州（今江苏苏州）人。明代诗人、散文家、书法家。成化八年（1472年）进士第一，状元，会试、廷试皆第一，授脩撰，侍讲孝宗东宫。孝宗即位，迁左庶子，预修《宪宗实录》，进少詹事兼侍读学士，官至礼部尚书。其诗深厚酝郁自成一家，著有《匏庵集》。善书，作书滋润中时出奇崛，虽规模于苏，而多所自得。

明朝成化（1465—1487年）、弘治（1488—1505年）年间，翰林院中有位声望甚重的官员，名叫吴宽。

吴宽，字原博，长洲（今苏州）人。成化八年（1472年）会试、廷试都是第一名，是当朝著名的状元。他累官翰林脩撰、左庶子、少詹事、吏部侍郎、礼部尚书等，位列七卿。不过，他的声望还不仅在于他出身状元，身居要职，更因为他"行履高洁，不为激矫，而自守以正"，是一位义重乡里的君子。

吴宽有位朋友名叫贺恩，是吴宽的同乡，又是乡试同榜举人。贺恩当时考中乡试第一名解元，两人同赴京师会试，吴宽连中会元、状元，贺恩却屡试不第，只得寄居在京师会馆之中。水土不服再加上心情不佳，贺恩不久便染病在身，久治不愈，眼看快要不行了。馆人见他这样，也不愿再让他长住，贺恩困窘不堪。吴宽得知后，忙将贺恩接到

家中，亲手为他煮药供膳，照顾备至。后来贺恩病逝，吴宽出资为他料理后事，并为之服丧，停柩设祭，有来吊唁者，吴宽出面答拜，早晚出入，也必定到灵前拜祭。又将贺恩遗物收拾好，与灵柩一同运回长洲。

有个名叫何耕的人，是吴宽同郡学的前辈，任官乐会（今海南省）。罢官后贫不能归，流落海南，后来又因弟侄在苏州负欠官钱，巡抚将何耕檄传到苏州。何耕涉鲸波，冒瘴疠，妻子不能从，跋涉数千里，来到后就入狱，被关押三年，衣食不给。吴宽从朝中归乡，得知此事，便亲赴官府，倾囊中所有，又请乡里好义之人助资，代替何耕还了所欠官钱。何耕被释将归海南时，吴宽又送给他盘缠助行。

一件件义助乡邻之举，使吴宽颇有睦邻重友之名。吴宽家中富有，但他从不以富家子自居，少年在家也好，入学读书也好，都同于一般人家子弟。在学舍近20年，离家颇远，迎送往来从来都是步行，不用车马。当了官回家，也不要仪仗趋从。他年轻时便甚有文名，府县官绅都对他很推重。当时有亲属求他到县里帮忙疏通关系，他却一口回绝："譬我不做生员亦已矣。"可是遇到乡邻有难，不用开口，他便倾力相助。

吴宽家中有田产数百亩，每年所入，他都要分送给亲戚故旧中贫困人家。

■心灵物语

所谓"笃厚伦谊"，吴宽当之无愧。他这种宽厚待人、与人和爱的作风当立为典范，为后人借鉴。

■史海钩沉

吴宽的文学成就

吴宽年少时就聪颖好学，各种书籍无所不读，尤其喜欢《左传》《汉书》及唐宋大家散文，最喜欢苏轼的文章。他学有根底，诗文和平恬雅。

《明诗评》说他："文定力扫浮靡，一归雅淡，诗如杨柳受风，煦然不列；又如学究论天下事，亹亹竟日，本色自露。"

　　吴宽的代表作有七律《悼沈癯樵画史》《题杨铁崖墓铭后》《送张兼素出知施宗州》《谢顾良弼李世贤携酒过访》等，七古有《赋黄楼送李贞伯》等。诗文集有《家藏集》77卷，其中诗30卷，文40卷，为吴宽自订，后七卷疑为其子所增益。

■文苑荟萃

新　月

（明）吴　宽

新月如少女，静娟凝晚妆。

亭亭朱楼上，隐隐银汉旁。

桂树未长全，玉兔在何方？

自然多思致，何必满容光。

黄昏延我坐，檐下施胡床。

遂尔成良会，清风复吹裳。

愿言长不负，莫学参与商。

范文程善待亲友

> 范文程（1597—1666年），字宪斗，号辉岳。辽东沈阳卫（今辽宁沈阳）人。清朝初年大臣，是北宋名相范仲淹第十七世孙。明万历四十六年（1618年）开始为后金政权效力，此后侍奉清太祖（努尔哈赤）、太宗（皇太极）、世祖（顺治帝）、圣祖（康熙帝）四代皇帝。隶属满洲镶黄旗。

清初有一位名声显赫的大学士，他不仅为清朝的统一作出了重大贡献，而且还因"严饬家范，追远睦族，咸合古礼"而受到世人的称赞，被树为治家之典范。此人便是历仕清太祖、太宗、世祖、圣祖四朝的范文程。

范文程是汉族知识分子中最早归清者。他屡参机务，并以"治天下在得民心"提醒清朝统治者，为清王朝的建立和巩固作出了重大贡献。清人"论入关后宣力文臣必以范文肃公（即范文程）称首"。

范文程虽为清初功臣，却一直以读书人自居，从不居功自傲，而且还特别喜欢和穷书生交朋友，表现出"宽厚有量"的德行。他为官清廉，秉政三十余年，家无长物。他不仅善于治国，也善于治家。范文程治家的特点在于对待家人极严，而待亲朋故旧宽和，慷慨好施。

范文程教子严厉在清初是有名的。范文程有6个儿子，他平日"以诗书、骑射教子弟"，并告诫他们今后要为国家效力。由于范文程一贯主张"治天下在得民心"，因而经常教育儿子们将来做官之后必当廉洁奉公。为了防止孩子们养成官宦子弟的骄奢习气，范文程在家对他们管教极严。就连在孩子们当官以后，他也不放松要求。时人称范文程"家法最严，子弟不稍假色笑。长子官户部侍郎，次子官翰林学士，往往侍立终日，不命之坐不敢坐"。

后来，他的6个儿子都很争气，做官后"皆以清节著闻"。次子范承谟在"三藩之乱"中为国捐躯，"论者以为家教云"。三子范永勋后任云贵总督，康熙三十二年（1693年）入觐时，康熙皇帝特赏御用貂挂狐白裘，并赐御书"世济其美"之匾额，以赞扬范文程教子有方。

范文程善待亲朋故友在清初也是有名的。范文程待人宽和，"乐施与，器量渊深"。亲戚朋友中不论是谁遇到了困难找他来帮助，他从不拒绝。有时遇到穷苦的朋友求援，他"倾囊不惜"。清兵入关之初，掠夺、贩卖人口之事相当严重。每当有人告诉范文程，族姓中有人被掠卖，他"即捐金赎还"，使一家人重新团圆。因此，范文程在族人中威信甚高。

■心灵物语

范文程是清初著名的汉族大臣。他不但为清初政治制度的制定作出了重大贡献，而且善待亲朋好友。范文程确实做到了"修身、齐家、治国、平天下"。他和睦家庭、和睦处世的思想值得我们提倡和发扬。

■史海钩沉

范文程重用人

范文程很重视人才，他大胆提出，治理天下首先在于会用人。针对清朝重满族轻汉族和任人唯亲大搞宗派的弊政，范文程建议朝廷各部院大臣

都应推荐人才，"不论满汉新旧，不拘资格，不避恩怨，取真正才守之人"，去充当各级官吏。范文程的这种选拔、培养人才的方式，得到了清顺治皇帝的赞许。

顺治十一年（1654年），顺治帝为了表彰范文程的功绩，特加少保兼太子太保，后又加升太傅兼太子太师；到顺治十四年（1657年）又恩诏加秩一级，并将其画像收藏在皇宫之内。可见顺治帝对范文程的重视程度。

■文苑荟萃

楚泽凯旋和王郡守韵

（清）范文程

辰阳十月菊丛芳，
策马归来自夜郎。
战绩共歌周召虎，
经生犹识汉京房。
五溪浪静梅将白，
二酉烟消酒半黄。
截罢长鲸烟水阔，
好招鸿雁到潇湘。

傅以渐一封家书化干戈

　　傅以渐（1609—1655年），字于磐，号星严。今山东聊城东昌府区人，祖籍江西永丰县。清开国状元、一代名相，知名学者、史学家。幼年家境清贫，天资聪慧，勤奋苦学，博览群书，经史熟记不忘，终成大器。傅以渐一生为官兢兢业业，鞠躬尽瘁，以清勤著称于世。他学识广博，精通经史，工于诗文，学者称星岩先生。傅以渐以状元而居相位，他鞠躬尽瘁，任劳任怨，以勤政清廉著称于世。

　　清朝时期，开国状元傅以渐的父亲因儿子中了状元，在朝廷做了大官，四邻八乡的人只要一看到他，都会跷起大拇指，称赞他一番。当地县老爷是他的座上客，常有事没事向他请教。久而久之，傅老太爷听惯了人家的恭维话，不由趾高气扬起来，与人说话的嗓门大了，待人接物也就势利起来。

　　忽然有一天，当他正闲居在家的时候，他的邻居来到他家，一揖到地对他说："老兄弟，有件事想与你商量……"

　　傅老爷没等人家说下去，就大声地说："商量什么？"

　　邻居因有求人家，只得低声下气地说了下去。原来邻居是为三尺房基，想与他商量。傅老太爷不听犹可，一听便呼地站了起来，虎着脸说："这是我家祖宗的遗产，有什么好商量的？"邻居碰了一鼻子灰，只得灰溜溜地出了傅家。

邻居的两个儿子想想气不过，就找上门去与傅老太爷理论。可是，傅老太爷没等两兄弟开口，就叫家人把他俩赶出门去。两兄弟一气之下，就来了个先下手为强，请来泥水匠用干石灰把傅家的三尺场地勾画了进去。

傅老太爷见邻居胆敢到太岁头上来动土，气得火冒三丈，连忙叫五六个家丁拿了棍棒上前阻拦。邻居的两个儿子并不买账，急忙跑回家拿出了锄头、铁耙。一时两家争执不下。

前来围观的人见傅家仗势欺人，都不服气，纷纷指责傅家蛮不讲理。傅老太爷赶忙派人去县衙请县老爷，县老爷见此情景，也只是在两家中间用好言相劝。

傅老太爷回到家，便一屁股坐到大厅的太师椅上。他越想越气，赶忙叫家丁拿来文房四宝，给在京城当大官的儿子傅以渐写了信。信的大意是，邻居为造房，无故占用我家三尺屋基，为此，与邻居几乎大动干戈，要儿子写信到县衙，打赢这场官司。信写好以后，便派得力家丁星夜赶送。

十天半月以后，傅以渐接到家书。他拆开一看，不禁一笑，立即挥笔写了回信，并附诗一首："千里家书只为墙，让人三尺又何妨？长城万里今犹在，不见当年秦始皇。"

傅老太爷看了回信，又细细体味了儿子附上的那首诗，感到儿子说得对。第二天，傅老太爷主动找到邻居门上，表示愿让出三尺屋基。邻居见傅家主动相让，也让出了三尺屋基，结果各让三尺。

邻家房子造好了，这六尺地方就成了一条小巷，后人便称为"仁义胡同"。傅以渐一封家书便使干戈化玉帛的事，一直被后人传为美谈。

■心灵物语

你若得寸进尺，人便得尺进丈；而你敬人一尺，人也会敬你一丈，为鸡毛蒜皮的小事伤了和气，实在不值得。和睦相处、恭谦礼让的人无论在何时都是受人尊敬的。

■ 史海钩沉

清朝的第一位状元

清代的第一位状元傅以渐，也是康熙的老师，一直为清世祖顺治器重，官至武英殿大学士兼兵部尚书，是清初不可忽视的人物之一。傅以渐幼时聪明过人，三岁能诵书，五岁熟记经史。他少时虽家庭贫穷，但勤学不辍，终成大器。清顺治时期，傅以渐以进士及第之第一（即状元），首夺大魁。他先后任宏文院修纂，国史院侍讲，授秘书院大学士等。1657年冬，皇太后违和群臣，惶惧内阁，奏疏颇多，不两月，奏章积八百余。在维护清王朝封建统治的群僚中，傅以渐是一位竭诚尽忠的贤臣良相。

■ 文苑荟萃

状元骑驴图

（清）顺　治

云龙山下试春衣，

放鹤亭前送夕晖。

一色杏花红十里，

状元归去驴如飞。

郑明允为人仗义疏财

> 郑明允（生卒年不详），清朝江南歙县人。自幼读书，晓大义。为人宽厚，善与人相处，为人称道。

尊长爱幼，与人为善，是中华民族的传统美德。许多人以其作为处世之根本，治家之法宝。清朝康熙年间有一个叫郑明允的人，即以待人为善而备受世人称道。

无论在处理家庭关系、家族关系，乃至邻里关系中，郑明允都能以尊长爱幼为本，善待他人。

郑家兄弟几个，只有郑明允侍母最孝。郑明允不仅孝敬老人，而且在兄弟之间也多谦让，兄弟几个相处得很好。对待族人、亲友，郑明允同样真诚相待。不论是谁有困难，他都会伸出援助之手。

郑明允的哥哥得了重病，卧床不起，侄子们年幼不会照料，郑明允就守在哥哥的床前，不离左右地耐心照顾。他每天为哥哥煎药、喂药、擦洗、按摩，就这样一直坚持了几个月，直到哥哥去世。哥哥去世后，郑明允悲痛欲绝。他妥善处理了后事，又承担起抚养侄子的责任。

一次，郑明允和他的一个亲戚外出做生意，不料那个亲戚因一时不慎将本钱全部赔光。眼看一家老小无法生活，那个亲戚产生了轻生之念。正在这时，郑明允赶来看望他，当得知这一情况后，郑明允毫不犹豫地把自己赚的钱全部送给了那位亲戚，并传授给他做生意的窍门，终于使亲戚看到了希望，再次鼓起了生活的勇气。不久，当那位亲戚赚了钱，找郑明允来还钱，并表示感谢时，郑明允却婉言谢绝了。

郑明允并非巨富，然而，其慷慨乐施却闻名乡里。亲友们有了困难，都愿意找他帮助。一次，一位朋友因为家境困难而又急于用钱，便很不好意思地向郑明允请求援助。郑明允问明原委之后，毫不犹豫地把手头的钱全部给了他，而面"无难色"。

一次，郑明允的一个族子在外出时突然缢死于客店。消息传来，族人皆惊。唯有郑明允连夜赶往客店，向店主了解情况，并坚守至天明。第二天，他又将此案告知了官府。当官府验尸查明确系自缢身亡，郑明允便出资将死者安葬。一切处理妥当之后，郑明允才返乡通知了死者家属，使死者家属非常感激。

■心灵物语

郑明允诚恳待人，疏财于友，并非人人可以做到。用孟子"敬老慈幼，无忘宾旅"的话来衡量，郑明允的行动中无疑表现了中华民族的传统美德，值得后人学习。

■史海钩沉

郑明允弃子侍母

康熙十三年（1674年），三藩之一的耿精忠响应吴三桂，举兵反叛清廷。不久，这股叛军便打到郑明允的家乡，县内百姓纷纷外逃避难。听说叛军就要进村，郑明允来不及带儿子，就先搀扶着老母亲，抱着家谱和前辈留下的墨迹躲进山里。为防止叛军搜山，郑明允把母亲藏到一个山坳里

之后，才又回到家里去领自己的两个儿子。当他带着两个儿子进山之后，山里弥漫着大雾。还没有赶到母亲藏身的地方，他就听到了可怕的虎啸之声。郑明允一心惦念着母亲的安危，于是连忙将两个儿子藏在一个小山洞里，"疾趋侍母"。叛军撤离后，郑明允才去找两个儿子，庆幸的是，两个儿子亦安然无恙。

■文苑荟萃

无　题

（清）康　熙

婀娜花姿碧叶长，风来难隐谷中香。

不因纫取堪为佩，纵使无人亦自芳。

第四篇
适逢知己友情常

 # 傅、陈二人的莫逆之交

陈之佛（1896—1962年），又名陈绍本、陈杰，号雪翁。浙江余姚人。现代美术教育家、工艺美术家、中国画家。1916年毕业于杭州甲种工业学校机织科，留校教图案课。1918年赴日本东京美术学校工艺图案课学习，是第一个到日本学工艺美术的留学生，1923年学成回国，曾创办尚美图案馆。先后在上海艺术大学、上海美术专科学校和南京中央大学艺术系任教授，并承担书刊装帧设计工作。

傅抱石生于南昌城，父亲是个伞匠，在傅抱石10岁时去世。母亲白天修伞，晚上给人洗衣服，生活非常艰辛。

母亲无奈，只能将傅抱石送到一家瓷器店当学徒。在这里，傅抱石开始对绘画产生了浓厚兴趣。他常去裱画店看挂在那里裱糊的书画，在许多作品中，他最喜欢两位画家的画：一位是石涛的，另一位是又名"仓石"的吴昌硕的画。他们的艺术风貌和独创精神令他赞叹不已。所以，他下决心要抱住这两块"石头"不放，刻苦磨炼，执着追求，于是他改名"抱石"以明志。

17岁时他考入南昌省立第一师范，毕业后留校教授美术史和篆刻。1933年春，他在艺术大师徐悲鸿的大力推荐下，得以公费赴日留学。

留学前的一天，天色已近黄昏，南京徐悲鸿寓所的客厅里灯火通明，高朋满座。为傅抱石出洋留学，这里摆了一桌丰盛的饯行宴席，陪

客大都是当地的名流和学者。徐悲鸿将他们向傅抱石一一作了介绍，当介绍到陈之佛时，傅抱石笑着说："虽然陈先生不认识我，可我早已认识陈先生了。"

早在傅抱石读师范时，已非常喜爱读由陈之佛设计封面图案的杂志《东方杂志》《小说月报》等，对陈之佛的早期作品《图案ABC》更是羡慕之至。这次他赴日留学，专程来南京向徐悲鸿辞行，有缘能与陈之佛相遇，真是他做梦也没有想到的一件事。

陈之佛给他留下的印象是一个谦虚朴实，平易近人、风度文雅、个子矮墩墩的学者。他待人诚恳，为人耿直，是一位值得交往和令人尊敬的长者。这次在酒席宴上，通过徐悲鸿的纽带作用，两人从此建立了难忘的友情。

1935年9月，傅抱石从日本东京学成回国，受徐悲鸿邀请，来南京中央大学艺术系任教，与陈之佛在同一个系工作。陈之佛与傅抱石在东京帝国美术学校先后入学，现在又在一起工作，竟长达24年之久，始终没有离开过。直到1958年陈之佛调任南京艺术院副院长，才暂时分离。

抗日战争爆发后，中央大学迁到重庆沙坪坝。在那八年离乱的艰苦岁月里，陈之佛像长兄一样，关怀器重傅抱石的出众才华；而傅抱石则非常尊敬陈之佛，始终以长辈相待。患难见真情，二人推心置腹，无话不说，情同手足。在艺术上，他们通力合作，相互切磋，共研画事；在生活上，他们相互关心，相互勉励，相互支持，相濡以沫。

陈之佛作了一幅《梅雀图》，画的是一株冲寒怒放的白梅老干上，三只冻雀正瑟缩在枝头，形象地描绘出旧社会知识分子所遭受的不幸际遇。傅抱石很欣赏这幅画，并为画题跋。

中华人民共和国成立前，陈之佛和傅抱石都先后举办过几次个人画展，作品很快被抢购一空，他们换得了不少现钱，这样大家才共同渡过了百物昂贵、通货膨胀的生活难关。

1945年2月，重庆"校场口"事件发生后，由郭沫若、徐悲鸿发起，在《新华日报》上发表文艺界对时局的宣言，陈之佛、傅抱石带头

签名。同年4月，国民党在《中央日报》上发起反签名运动，但都被他们严词拒绝了。

1949年4月南京解放后，中央大学改名为南京大学，陈之佛和傅抱石都留任艺术系教授。1952年全国进行院系调整，南京大学将师范学院部分划出，成立了南京师范学院，他们又任该院美术系教授。1956年，陈之佛光荣地加入了中国共产党，1958年调任南京艺术学院副院长。

除教学外，陈之佛一生共创作六七百幅工笔花鸟画。在一天劳累之后，回到家里，往往感到体力不支。虽然如此，但他仍继续辛勤地工作着，有时还风趣地笑对别人说："老牛拉破车嘛！"

1962年元旦刚过，正在美协江苏分会和省国画院举办的"石鲁画展"座谈会上作学术发言的傅抱石，惊闻陈之佛因脑溢血送医院抢救的消息。陈之佛终因病情严重，抢救无效，几天后逝世，终年66岁。

在追悼会上，傅抱石失声痛哭，这哭声中有痛惜，也有追悔。一个人只有在失去了友情，失去了最亲密的朋友之后，才能真正体会到友情的珍贵。现在他已是高山流水，无处觅知音了。

三年半以后，即1965年9月，傅抱石也溘然长逝于南京，享年61岁。

■心灵物语

一个偶然的机遇，把两位志趣相投的艺术家紧密地联系在一起，建立起真挚的友情，成为莫逆之交。他们对艺术的苦心孤诣和执着追求，也成为画界的美谈。

■史海钩沉

陈之佛新工笔画的特色

陈之佛擅长工笔花鸟画，但他的工笔花鸟画与传统的绘画又存在着很大的差别。如果一定要下一个确切的定义的话，应该属于"新工笔画"的范畴。陈之佛精心研究临摹过黄荃、徐熙、崔白等人的大量作品，熟悉各派别的技法特点，因此对传统绘画有着扎实的功力，且又不一味地继承传统，而是在传统的基础上寻求新的发展。加之他早年曾留学日本，熟悉西方绘画中的解剖、透视、色彩等知识，这些也更令他的作品呈现出中西兼容的独特风貌。

□文苑荟萃

工笔画

工笔画即以精谨细腻的笔法描绘景物的表现方式。

其实，工笔画早在唐代时期已盛行起来。之所以能够取得卓越的艺术成就，一方面因为绘画艺术的技法日臻成熟，另一方面也取决于绘画材料的不断改进。工笔画需要画在经过胶矾加工过的绢或宣纸上，初唐时期因绢料的改善而对工笔画的发展起到了一定的促进作用。据米芾所著的《画史》中所载："古画至唐初皆生绢，至吴生、周、韩斡，后来皆以热汤半熟，入粉捶如银板，故作人物，精彩入笔。"

工笔画通常要先画好稿本，一部完整的稿本也需要反复修改才能定稿，然后再覆上有胶矾的宣纸或绢，再用狼毫小笔勾勒，最后随类敷色，层层渲染，从而取得形神兼备的艺术效果。陈之佛所作《秋艳图》，就是工笔画中的出色代表作。

张际亮抱病扶囚车

张际亮（1799—1843年），字亨甫，号华胥大夫、松寥山人。福建建宁县溪口镇渠村人，是鸦片战争时期享有盛誉的爱国诗人，与魏源、龚自珍、汤鹏并称为"道光四子"。张际亮一生创作诗文上千卷"万余首"，流传至今的还有32卷，共3078首。其诗较多反映社会现实，揭露腐败清王朝的政敝民贫，表达自己除弊济民的愿望。其诗作主要辑录于《松寥山人集》《娄光堂稿》等。

张际亮与姚莹不仅是诗友，也是志同道合、患难与共的朋友。

张际亮才华横溢，秉性耿直，不随流俗，广结大江南北的仁人志士，如林则徐、姚莹、魏源、黄爵滋等，其中与姚莹的交往最为密切。

姚莹，安徽桐城人，是鸦片战争时期著名的抵抗派将领。他拥护和支持林则徐严禁鸦片，积极了解外事，关注国计民生。就任台湾兵备道后，坚决抗击英军侵略，为保卫祖国海疆立下了汗马功劳。但他反遭到昏聩腐朽的清政府的革职查办，被横加罪名，逮入京师问罪。这一冤狱在当时知识分子群中引起了强烈的反响。张际亮闻讯痛心疾首，此时他重病在身，仍不辞劳苦，四处奔走呼号，竭尽全力为姚莹鸣冤叫屈，决定亲自陪伴姚莹进京，以示对好友抗敌卫国之举的支持和对清廷制造冤狱的强烈抗议。

1843年7月，押送姚莹入都的囚车途经淮上，张际亮在那里迎候多时，做好了护送友人北上、同赴囹圄的准备。姚莹为张氏义举感激不已，但极力劝阻张际亮进京。然而，张际亮决心已定，毅然抱病陪随姚莹的囚车，踏上了凶多吉少的北上征途。

像张际亮那样对清廷制造冤狱、打击贤良深表不满的志士不乏其人。当姚莹被押至北京南郊的长辛店时，竟云集了三十余位京官名士在此相迎。姚莹入狱后，人们为之奔走营救，不惧危险入狱探望。清政府迫于舆论压力，不得不把姚莹释放。可是，本来就病魔缠身的张际亮，此时却因长途跋涉导致病情恶化。京师诸义士为张际亮的高风亮节所感动，纷纷前来慰问。张际亮在临终前请求姚莹协助他整理自己生平所撰诗作，后世所传《恩伯子堂集》就是由姚莹在张际亮病榻前编纂好，经张氏首肯，并于他故后刊行的。

张际亮的病逝，使姚莹悲痛万分。他以真挚的感情写下了《祭张亨甫文》和《张亨甫传》，以寄托对故友的深切缅怀。

□心灵物语

张际亮抱病仍扶囚车北上，为友伸冤，姚莹挥泪护灵柩南行，报友恩情，这是一幕多么悲壮、感人的情景！它不仅反映了姚、张两人的深厚情谊，同时也是当时爱国知识分子赤诚报国的生动写照。

□史海钩沉

张际亮主张抵抗侵略

道光二十年（1840年）五月，鸦片战争爆发，张际亮力主抵抗外国侵略者，反对向侵略者妥协。他写下了《传闻》《芑川有诗枉赠酬和》《寄姚石甫三丈》《东阳县》《迁延》《邹钟泉太守招饮剧谈时事辄赋》《陈忠愍公

死事诗》等一系列反帝爱国诗篇，怒斥侵略者"五月妖氛暗虎门"，给中国人民带来"千室困苦"的罪行；强烈抨击投降派"金鞍玉勒无颜色"的嘴脸，热情歌颂三元里等"义民争自起东山"的抵抗精神。

■文苑荟萃

迁 延

张际亮

百万金缯贿寇还，明州父老叹时艰。
捷书互报中朝贺，优诏仍蒙上赏颁。
浪跋鲸鱼腥璧水，血分鹇鸟污珠鬘。
舟山鬼泣君知否？无数楼船瘴海间。

 # 黄兴与孙中山的生死情

　　孙中山（1866—1925年），原名孙文，幼名帝象，学名文，字德明，号日新，后改号逸仙，旅居日本时曾化名中山樵，"中山"因而得名。广东香山（中山）翠亨村人。中国近代民主革命的伟大先行者，革命的旗帜，革命家、政治家、理论家。被尊称为"国父"。曾任中华民国第一任临时大总统、中国国民党总理、广州革命政府大元帅。他是中国国民党创始人，三民主义的倡导者，首举彻底反封建的旗帜，"起共和而终帝制"。孙中山先生对中国共产党采取支持政策，其遗孀宋庆龄女士更是通过实际行动表达对共产党的支持立场，一起为中华民族的崛起而努力！在中国的主流舆论中是享有崇高名望的中国国民党革命人士之一。

　　翻开辛亥革命的史册，有两个光辉的名字映入眼帘：一个是革命先行者孙中山，一个是实干家黄兴。他俩是资产阶级革命派领袖，在长期的革命斗争中建立起了深厚的友谊。

　　1910年6月，黄兴为躲避日警搜捕，隐居在横滨的福住旅馆里。中旬，孙中山从夏威夷来到日本。

　　那天，孙中山乘坐的美国轮船刚刚靠岸，冒着危险前来迎接他的黄兴就跳上船去和他紧紧地握手，一直护送到孙中山下榻的旅馆里。两人久别重逢，却很少谈论私事，话题很快转入对革命形势的讨论。他们对各种重要问题交换了意见，并对未来的若干方针大计取得了一致看法。

　　两人交谈了很久，黄兴告辞回去。当快要分手的时候，他想起为起义募款的事，于是问孙中山带钱来没有。孙中山把满满一皮箱钱指给黄兴看，那是他费尽千辛万苦在美国华侨中募捐来的。黄兴根本没有估量箱里的钱数，提起皮箱就走。忽然，他好像记起了什么，对孙中山说："哦，对了，我最好还是给你留点儿，也许你有时需要钱用。"顾不得点数，黄兴留给孙中山几沓钞票，就匆匆走了。当天，他启程回国发动革命。

据当时在场的一个日本友人追忆说："我是这件事情的目击者，并且深受感动。金钱的予者与受者，似乎都对金钱的总数毫不在意。这两位领袖之间和睦相交、终生不渝的感情，不能仅仅表述为一般的同志关系；他们对待金钱财物的态度，也经常与此次相同。"

在同盟会成立时，有人出于褊狭的个人成见，总是竭力攻击孙中山，诋毁孙中山在同盟会中的领导威望，严重损害了革命派内部的团结。1907年间，有人鼓动罢免孙中山的总理职务，另举黄兴担任。黄兴坚决反对，他从海外来信劝告这些同志说："孙总理德高望重，是我们的领袖，大家既然希望革命成功，就请不要搞出这些名堂来影响团结，而应当全心全意地拥护孙先生。"在黄兴的劝告下，一场风波才平息下去。

1914年7月，黄兴乘船赴美国考察，在美国旧金山接到一些人的来信，挑拨他和孙中山的关系，怂恿他另行改组。黄兴气愤地回答他们："党只有国民党，领袖唯孙中山，其他不知也！"在美国各地，他向爱国华侨宣传孙中山的三民主义纲领，揭露袁世凯帝制自为的阴谋，并积极为革命募捐。后来，听到蔡锷在云南成立讨袁护国军的消息后，立即决定回国协助孙中山进行讨袁革命。

1916年6月，黄兴经日本抵达上海。同年10月31日，黄兴因积劳成疾，与世长辞，享年仅42岁。孙中山闻讯悲痛欲绝，第二天即发函海内外，哀告黄兴逝世的消息。按照传统习惯，讣告是由死者的亲属发布，而黄兴逝世的讣告是由孙中山单独署名发布的，从这里也可以看出他们之间的友谊是何等深厚。

■心灵物语

有位名人说："和谐社会需要健康的人际关系，因为它是一个人可以

依赖的最重要的外在资源。"孙中山与黄兴的深厚友谊，最终使两个人走向了同一战线，并肩向前。

■史海钩沉

护法运动

1917年，段祺瑞在张勋复辟后"再造共和"，废止了1913年选出的国会。为此，当时身在上海的孙中山先生展开护法运动（也称"三次革命"），号召国会议员一起到广州，召开国会非常会议，组织护法政府并就职为"大元帅"，誓师北伐。然而，广州的护法政府逐渐由桂、滇系军人控制，孙中山实力有限，甚至出现了"政令不出士敏土厂（大元帅府）"的情况。孙中山也曾尝试发动兵变，但最终未能实现。

1918年，桂、滇各系控制国会改组护法政府，以七总裁取代大元帅，孙中山被完全架空，被迫去职。1919年10月，中华革命党又被改为"中国国民党"。1920年，陈炯明成功地击退了盘踞在广州一带的桂、滇系，请孙中山重回广州。次年，广州非常国会取消军政府，选举孙中山为大总统（习惯上称为非常大总统），开始第二次护法运动。

孙中山就职后，力主军事北伐，最终与主张"暂缓军事、联省自治"的陈炯明之间产生了激烈的冲突。1922年6月，炮击总统府事件爆发，孙中山被迫离粤退居上海。

■文苑荟萃

挽刘道一

孙中山

半壁东南三楚雄，刘郎死去霸图空。
尚余遗业艰难甚，谁与斯人慷慨同？
塞山秋风悲战马，神州落日泣哀鸿。
几时痛饮黄龙酒，横揽江流一奠公！

章太炎与苏曼殊的友谊

章太炎（1869—1936年），名炳麟，字枚叔，初名学乘，后改名绛，号太炎，早年又号"膏兰室主人""刘子骏私淑弟子"等。中国浙江余杭人。清末民初民主革命家、思想家、中国近代著名朴学大师。著名学者，研究范围涉及小学、历史、哲学、政治等，著述甚丰。

　　章太炎是中国近代史上一位伟大的民主主义革命家。1903年，他以"反清排满"的罪名被捕入狱，1906年出狱后即流亡日本，主办同盟会机关报《民报》，宣传革命，旗帜鲜明地与保守派作坚决斗争。

　　1907年2月，两个风尘仆仆的年轻人来到《民报》编辑部。章太炎身穿一件破旧的和服，在厚厚的眼镜片后面的双眼凝视着来人。

　　"先生，你不认识我啦？我是光汉。"刘师培走上前拉住了章太炎的手。当年章太炎在上海《爱国学社》任教时，刘师培是他的学生。

　　"唔，是你，光汉。"章太炎兴奋地丢掉手里的烟，笑了。

　　"先生，这是我的朋友苏玄瑛，他是专门从中国赶来拜见您的。"刘师培把身后的青年推到章太炎面前，介绍着。

　　苏玄瑛红着脸，叫了一声"先生"。

　　章太炎望着这个瘦弱、矜持、一脸灵气的年轻人，自语道："苏玄瑛，好熟悉的名字呀！"

　　刘师培介绍说："玄瑛在《国民日报》当过编辑。"

　　章太炎说："对了，我看过你在《国民日报》发表的《呜呼广东人》，把那些唯利是图、毫无爱国心的人骂得淋漓尽致，太好了！"大家都高兴得笑了起来。一会儿，章太炎指着苏玄瑛对刘师培说："玄瑛年纪轻轻，难得这样沉稳。"刘师培朝章太炎一稽首，半垂眼帘说道："出家人恬淡虚无，真气从之，自然又沉稳，又安静。"章太炎闻言惊喜地盯住苏玄瑛："怎么？你还是个佛门弟子吗？有法号吗？""法号曼殊。""懂梵文吗？""略微懂些。"苏玄瑛说着又红了脸低下头。章太炎兴奋极了："这太好了，以后我们有时间可以在一起研讨了。"

接着他们又谈起了形势，又过了一阵，他们起身告辞，准备去给苏玄瑛安排住处。章太炎指着凌乱的房间说："要是不嫌弃，玄瑛就住这儿吧，晚上闲了，正好有人聊天。"苏玄瑛被这意外的挽留惊呆了，好一会儿，他才如梦方醒地连连点头。

晚饭后，苏玄瑛和章太炎相对而坐，闲谈起来。章太炎问苏玄瑛："局势这么紧，到《民报》来怕不怕？"苏玄瑛含笑摇摇头说："没想过。"沉思片刻，他又说："我这次是为还愿而来。""还愿？"章太炎很惊奇。"四年前我在日本留学时，就仰慕先生，发愿要做您的学生，现在我如愿了。"章太炎的目光变得柔和了，微笑着吸烟。接着他们谈起了佛学和革命的道理。

苏玄瑛虔诚地注视着章太炎，耳边的声音海潮般缓缓地从远处推来。"先生！"苏玄瑛喊道。"玄瑛，叫大哥，以后你们都不要叫先生，我是你们的'大哥'。"章太炎的脸上露出了轻松的笑，额上的皱纹也渐渐舒展了。

同盟会的处境越来越艰难，日本政府为了满足清政府迫害革命力量的要求，同时也感到同盟会的活动对日本政府也是一个心腹之患，因此，他们迫令孙中山离开日本。作为同盟会喉舌的《民报》，其处境就可想而知了，他们常常入不敷出，捉襟见肘。无奈，苏玄瑛只得拼命作画，给报纸的副刊拿去发表，或是拿去卖了，以补办报的经费。

一天，章太炎和苏玄瑛在一起谈话，玄瑛问："世事这么艰难，大哥你就没想过失败吗？"

章太炎点起烟，严肃地思索了许久，突然问："你说项羽算英雄吗？"苏玄瑛点点头。

"是呀！大丈夫做事，论是非不论利害，论顺逆不论成败，论万世不论一生。"

苏玄瑛轻声叹口气说："我虽然也常常有一腔激情，有干一番事业的雄心，可我的心又太容易灰，太容易冷，只有皈依佛门，求得心灵的安泰。"

章太炎扔掉烟蒂，感叹说："是呀，我有时真羡慕你们斩断烦恼丝，遁入空门。可今天国家、人民都处于水深火热之中，皈依佛门，这难道是男子汉大丈夫该做的事吗？"

苏玄瑛的脸又涨红了。章太炎继续说："玄瑛，你说你常常灰心，这实在难免，何况你半生坎坷，无亲无靠。你其实本来是一把火，只因为在严寒和苦雨中淋得太久，你的火焰才熄灭了。不过，当你为着一个信念而鼓舞的时候，你就会觉得春天又来了。"

听了章太炎的一席话，苏玄瑛万分激动，他对自己将要走的道路看得更清楚，决心也更坚定了。

1908年7月，日本内阁更迭，新上任的外相小村寿太郎为了诱使清政府屈从日本提出的侵占东三省各项权益的无理要求，决定对清政府采取"亲善"政策，因而下令封禁被清政府始终视为眼中钉的《民报》。

章太炎的心中早已无所畏惧，他望望阴云密布的天空，沉静地等待着无情的暴风雨。"大哥！"苏玄瑛在夜风里战栗了一下，靠紧了章太炎。章太炎抓住苏玄瑛的一只手，望着阴沉沉的夜空，忽然朗声大笑："玄瑛，你听我说，我们虽然是书生，手无寸铁，但早已经不惜流血，置生死于度外，我们无愧于四万万同胞，还有什么值得畏惧的呢？"

他说着，挽起苏玄瑛的手臂走出黑洞洞的大门，大步地、义无反顾地走在冷冷的夜风中。

■心灵物语

友谊是一串和谐的音符，能奏出优美的乐章。章太炎与苏曼殊的故事感人肺腑。当他们义无反顾地迈入夜风中，我们相信，他们之间友爱、和谐的力量坚如磐石，能够战胜一切困难！

■ 史海钩沉

章太炎在台湾

1898年12月4日，章太炎避祸抵达台北，开始主编《台湾日日新报》汉文栏，并与日人馆森鸿（袖海）等互相往来。次年6月10日，章太炎由基隆转赴东京。章太炎在台湾撰写的论文有41篇，诗文评、诗16篇，多数刊在《台湾日日新报》。他同情康有为、梁启超的变法，抨击以慈禧太后为首的清政府。这些论文占章氏著作分量并不多，却是研究章氏早期思想相当重要的资料，《正疆论》谓"以支那与日本较，则吾亲支那；以日本与满洲较，则吾宁亲日本"。文中并推崇延平王郑氏，贬抑降清将领洪承畴、李光地，反映章氏虽厕身台湾，反满的汉族民族意识仍甚为急切，在台亦参加玉山吟社的唱和，与法院长水尾晚翠、报馆主笔籾山逸"以文字订交"，来往甚密。中国白话文运动之后，章氏写给大众阅览的文字转变为通俗的文笔。台湾新旧文学论战时，新旧双方各执章氏文字风格之一端以彰显己方立论的正确性。

■ 文苑荟萃

《民报》

《民报》为中国同盟会的机关报，1905年创刊于东京，是一个大型月刊，也是革命派在海外的主要宣传阵地，创办于辛亥革命时期。其前身为宋教仁在东京创办的《二十世纪支那》，第二期因载《日本政客之经营中国谈》等文，尚未发行便遭到日本政府的没收，杂志也被查封。同盟会成立后，《二十世纪支那》被改为《民报》，并作为会刊，孙中山为其撰写发刊词，提出了"三民主义"，即"民族主义、民权主义、民生主义"。

《民报》的创办既宣传壮大了革命派的声势，也壮大了同盟会的队伍，成为进步舆论的中心。但是，它的宣传对帝国主义仍然抱有幻想，过分强调排满而陷入了狭隘的民族主义，后期该报更是大谈佛法，进步性锐减。该报的最高发行量曾达到过1.7万份，第6至24期为章太炎主编。

冯玉祥"神交"孙中山

> 冯玉祥（1882—1948年），安徽巢县人。原名基善，字焕章。北洋军阀时期，曾任陆军第十六混成旅旅长，第十一师师长，陕西、河南督军，陆军检阅使。1924年在第二次直奉战争中发动"北京政变"，将其所部改组为国民军，任总司令兼第一军军长，后任国民军联军总司令，参加北伐。1917年任国民革命军第二集团军总司令。后因与蒋介石发生利害冲突，举兵反蒋，先后爆发了蒋冯战争和中原大战。后赴美考察，1948年自美回国乘船途经黑海时，因轮船失火于9月1日遇难。

冯玉祥与孙中山生前虽未见过面，但彼此神交已久，坦诚相待，情感深厚。冯玉祥对孙中山非常敬仰，是孙中山革命思想的信徒。他说："我景仰中山先生已20年，信使往还者已多年，但我一直没找到和他见面的机会。这正是我心中遗憾的一点。可是我对他所生的一种敬爱之情，决不因此而稍有不同。我总觉得自己在精神上和他常在一起，从他那里我得到启示与鼓励，使我走上革命的道路，明白了救国的要诀。"孙中山对冯玉祥也了解信任，曾派专人将他的手稿《建国大纲》送给冯玉祥斟酌。这种知遇之感和孙中山的谦虚态度使冯玉祥深深感动，难以忘怀。

早在武昌起义时，冯玉祥就举兵响应，而后一直追随孙中山的革命事业。1918年，冯玉祥为支持孙中山组织发动的"护法运动"而被段祺瑞免职，后因全军将士拥护冯玉祥的正义立场，坚决要求冯玉祥继续任职，段祺瑞怕事态扩大，只好收回成命。冯玉祥事后致书孙中山，表示虽然还不能直接追随他，但精神上已和他结合在一起了。孙中山派人带亲笔信面交冯玉祥，冯玉祥也派秘书去谒见孙中山，表示"只要用着我时，无不尽力以赴"。

1924年，冯玉祥发动北京政变，倒戈反之，囚禁曹锟，驱逐溥仪出宫，这一革命行动是与孙中山的帮助支持分不开的。当时冯玉祥对曹锟的贿选和军阀混战深感厌恶，托人带给孙中山对时局的五条意见，提出实行民主、改革政治和团结协商等具体主张。孙中山派代表告诉他，在当前的形势下，首要任务是先打倒反动的直系军阀，冯玉祥答应伺机而动。

北京政变成功后，冯玉祥主持召开政治军事会议，将所部改称"国民军"，冯玉祥任总司令，并且请孙中山北上，"共筹统一建设方略"。孙中山致电冯玉祥，热烈祝贺，慨然表示"建设大计亟须决定，拟即日北上，与诸兄晤商"。冯玉祥派代表持亲笔信前往广东欢迎孙中山，嘱咐北京警备总司令："孙先生到京后，一定要尽力保护。"并说："国民党的队伍就等于孙先生的队伍，应听从孙先生的指挥。"孙先生扶病上北京时，段祺瑞与张作霖勾结在一起，排挤冯玉祥，冯玉祥被迫通电辞职，到京西天台上隐居，后移往张家口，未能与孙中山见面。冯玉祥得知孙中山的肝癌渐渐加重，即派夫人李德全带着他的亲笔信前往拜望，孙中山这时送给冯玉祥6000本《三民主义》、1000本《建国大纲》和《建国方略》。冯玉祥全数分发给各部队，令官兵列为正课，悉心研读。

孙中山病逝的噩耗传来，冯玉祥所部全体官兵无不震痛，皆缠黑布七日，以致哀悼。冯玉祥写了悼词，对孙中山给予崇高的评价，并表示要为完成孙中山的革命事业贡献余生。

■**心灵物语**

孙中山是中国民主革命的先驱。冯玉祥是著名的爱国政治活动家。二人在有生之年一直没有机会见面，但两个人的心意是相通的。他们之间的和睦和谐是建立在互相理解、互相信任、互相支持的基础之上的。

■**史海钩沉**

北京政变

1923年，曹锟、吴佩孚控制了北洋政府，具有进步思想的冯玉祥将军在孙中山的推动下，与陕军暂编第一师师长胡景翼及第十五混成旅旅长孙岳结为同盟，决心寻机推倒曹、吴的军阀统治，拥护孙中山领导的中国国民革命。

1924年，第二次直奉战争爆发，直奉两军在山海关一线正面接触，展开了多日的激战，双方都投入了大量的兵力，也均出动了海、空军参战，战争规模可谓近代军阀混战史上空前的。时任直军第三军总司令的冯玉祥趁直、奉两军在石门寨、山海关等地激战，直系后方兵力空虚之机，率部倒戈，星夜回师北京，发动了著名的"北京政变"，囚禁曹锟，通电主和，并推翻了直系军阀政府，驱逐清逊帝溥仪出宫，改所部为中华民国国民军，自任总司令兼第一军军长。

政变成功后，冯玉祥马上电邀孙中山赴京共商国是。虽然此时的孙中山已是重病缠身，但为了国家的前途和命运，他毅然带病北上，提出了"召开国民会议和废除不平等条约"两大号召，同帝国主义和北洋军阀作坚决的斗争。

不幸的是，孙中山于1925年1月26日被确诊为肝癌，3月12日即病故。虽然孙中山提出的两大号召没有得以实现，但直系军阀的统治因此遭到了毁灭性的打击。

□文苑荟萃

十月怀胎

冯玉祥

娘怀儿一个月不知不觉，

娘怀儿两个月才知其情，

娘怀儿三个月饮食无味，

娘怀儿四个月四肢无力，

娘怀儿五个月头晕目眩，

娘怀儿六个月身重如山，

娘怀儿七个月提心吊胆，

娘怀儿八个月不敢笑谈，

娘怀儿九个月寸步艰难，

娘怀儿十个月才到世间。

田汉与周信芳的知己情

> 田汉（1898—1968年），原名寿昌，曾用笔名伯鸿、陈瑜、漱人、汉仙等。生于湖南省长沙县。话剧作家，戏曲作家，电影剧本作家，小说家，诗人，歌词作家，文艺批评家，社会活动家，文艺工作领导者。

田汉与周信芳都是我国剧坛的一代宗师，两人交往密切，友谊深厚，在戏剧史上留下了一段佳话。

田汉18岁去日本求学，途经上海观看了周信芳的京剧表演。1923年秋，二人一见如故。周信芳说："相识满天下，知心能几人。今天我们能一见如故，明天就以兄弟相称吧。"从此，二人交往甚密，经常一起切磋戏剧曲目。

1928年，田汉创办了南国艺术学院，不久受挫停顿，转而集中力量办南国剧社。剧场难借，又没戏台，在周信芳的全力支持下，公演赢得了广大观众的热烈欢迎。

1930年，田汉改编的《卡门》被国民党当局禁演，田汉遭搜捕。由于鲁迅先生的及时警告，田汉转移，悄悄来找正在演出的周信芳，周信芳给田汉改了装，又拿出钱给田汉，然后设法将其送到日租界的一位朋友家里，田汉才免遭拘捕。

1937年，抗日战争爆发，周信芳、田汉等人冒着敌人的轰炸，在上海为不做亡国奴而奋勇斗争！

1948年，田汉离开上海，进入解放区。

田汉与周信芳再次见面，已是新中国诞生前夕。1949年6月，周信芳被选为出席全国第一届文代会的代表赴京开会。在灿烂的阳光下战友重逢，感慨万千。此后，田汉在北京担任文艺界的领导工作，历任文联常委、文化部艺术局局长、中国戏剧家协会主席等职务，周信芳还是在上海从事戏剧活动，任中国戏剧家协会副主席、剧协上海分会主席、上海京剧院院长。他们虽然远隔两地，却仍在同一条战线上工作，两人南来北往，凡相聚必作长谈，分别时又总依依送行，友情与日俱增。

1961年2月，文化部隆重举行周信芳戏剧生活60周年纪念活动。田汉到会作了题为《向周信芳同志的战斗精神学习》的讲话，高度赞扬了周信芳的战斗精神、革命热情以及对京剧艺术的贡献，称他为"战斗的表演艺术家"。在纪念活动中，周信芳先后在北京、上海演出了《打渔杀家》《乌龙院》等拿手好戏。田汉欣然命笔，赠诗四首，其中两首为：

喜为人间吐不平，早年英锐已知名。
曾因王莽诛民贼，亦借陈东励学生。
手创移风肝胆壮，扶持南国意图新。
登场犹忆鱼龙会，武二刀光一座惊。

六十年来磨一剑，精光真使金石开。
由它眼弱和头白，唱通山陬与海隈。
万死不辞尊信国，千山所指骂王魁。
乾坤依旧争邪正，珍重先生起怒雷。

诗中巧妙地列举了周信芳各个时期编演的剧目《王莽篡位》《徽钦二帝》《文天祥》《义责王魁》等，称赞周信芳正是通过这些战斗的历程实现了自己的非凡人格。

20世纪60年代的第一年，田汉因工作到上海，正逢除夕，周信芳的夫人到海外探亲去了，家里只有周信芳一人。田汉怕老友感到孤寂，除夕之夜特地来周家陪伴。两人作竟夕之谈，直到次日凌晨，大年初一的爆竹响起时，他们的谈话还没有结束，数十年的友情比流水还长。

■心灵物语

　　田汉与周信芳是两位戏剧大师，他们在数十年的交往中结下了深厚的友谊，可称得上是生死之交。两位大师和睦相处、相互帮助的举动也给我们以深深的触动，告诫我们在日常交往中也应当以诚相待、互帮互助。

■史海钩沉

田汉创立南国社

　　南国社为中国的文艺团体，1927年冬创立于上海，领导人为田汉。

　　1924年，田汉与妻子易漱瑜受新文化运动的影响，创办了文艺刊物《南国半月刊》，"南国"的名称从此便流传下来。1926年，田汉又与唐槐秋、唐琳、顾梦鹤等人一同创办了南国电影剧社，从事电影制作，并摄制了影片《到民间去》，1927年初又摄制了《断笛余音》，同时还开始演出话剧。是年，田汉进入上海艺术大学文学系执教，与欧阳予倩、唐槐秋、高百岁等人举办了"艺术鱼龙会"，演出了田汉编写的《生之意志》《名优之死》等七部话剧及欧阳予倩编写的京剧《潘金莲》，大获成功。

　　1927年冬，南国电影剧社改组为南国社，拟从事文学、电影、音乐、戏剧、美术、出版等文艺活动。

■文苑荟萃

话剧《获虎之夜》

　　独幕话剧《获虎之夜》是田汉早期最优秀的独幕话剧之一，故事以辛亥革命后的湖南山村为背景，描写了富裕猎户魏某嫌贫爱富，强迫女儿莲姑中断与表兄黄大傻的恋情，另嫁他人的故事。黄大傻思念表妹，每晚都登山眺望莲姑的灯火。一天夜里，魏某在山上放置了抬枪，准备猎取虎皮为女儿添置嫁妆。结果黄大傻误中抬枪，生命危在旦夕。在黄大傻生命垂危之际，莲姑对黄大傻坚守不离。魏某强行拆散二人，并毒打女儿，黄大傻愤而自戕。

　　通过这一桩婚姻悲剧，田汉揭露了黑暗专制下的封建势力，体现了激进的民主主义精神。剧本通过莲姑和黄大傻两个形象的塑造，热情地歌颂了青年男女追求自由的反抗精神和至死不渝的爱情。